オンライン
コミュニケーション
成功法則

Online
Communication

オンライン会議・セミナーで活用する
コミュニケーション術

藤咲 徳朗

産業能率大学出版部

はじめに

―オンライン新時代の到来―

この本は、オンラインセミナーやオンライン会議でのコミュニケーションに悩んでいる人のために書きました。

「オンラインセミナーの受講者の反応がよくない」
「オンラインの安全・安心な場づくりの方法が分からない」
「オンラインセミナーを楽しくおこないたい」
「オンラインセミナーで受講者の笑顔を引き出したい」
「オンライン会議で参加者の積極的な発言を引き出したい」
「うまくいくオンライン会議の運営方法を教えてほしい」

このような悩みを解決する本です。

私は年間１５０回以上の、オンラインセミナーとオンライン会議を主催しています。そのセミナーは、最初から最後まで参加者の笑顔があふれ、セミナー後の感想でも参加者は「また受講したい」と笑顔で大満足を伝えてくれています。会議も、それぞれが自由に意見を述べ、かつ行動につながっているという、生産性の高い結果をもたらしています。その成功法則を記したのが本書なのです。

すでにオンライン新時代は始まっています。ところが、オンラインコミュニケーションの方法を知らないがゆえに、苦労をしている人がたくさんいます。オンラインコミュニケーションには成功法則があるのです。

これまでは、たとえ成功法則を学んでも、学び続けていかなければうまくいかない時代でした。しかしこれからのオンライン新時代は、最先端の情報と知識をちゃんと学べば、すぐに、そして誰もが成功法則を実行できる時代になりました。難しいと思われていたことも、オンライン新時代では誰かが簡単におこなっています。知っているか知らないか、学んでいるか学んでいないか。それが大きな差になって表れてくる時代なのです。

誰もが、チャレンジしさえすれば成功できるのが、オンライン新時代です。とはいえ、その最中にいる私たちは、混とんとした時代の変化の中で道が定まらず、あえいでいることがあります。

私は九州の筑豊地方で生まれ、石炭から石油へのエネルギー革命の時代を体験しました。炭鉱が閉山し、炭鉱住宅から人がいなくなりました。私が小学校1年生のときには１０００人以上の児童であふれていたマンモス小学校が、小学校５年生のときには３００人以下に激減していました。その当時は何が何だか分からないままに、未来への不安を覚えたものです。
私自身も、不安を抱えたまま家族とともに筑豊を離れ、関西で暮らすことになりました。しかし、いざ関西で暮らしてみると、不安もなくなり未来に明るい希望を持つことができるようになりました。過ぎ去ってみて初めて分かるのですが、時代の大きなうねりの中にいると、得体の知れない悩みや不安を感じるものなのです。

コロナ禍が始まった２０２０年春以降、未来に対して誰もが見えない不安を感じていると思います。しかし、コロナ禍という未曽有の災厄さえも乗り越えることができた暁には、これも未来への幸福の扉だったのかもしれないと気づくことができるはずです。
今、コロナ禍を機に時代の大きな変革が起きようとしています。オンライン全盛の新時代の中で、オンラインでの対人関係力、セミナーや会議のためのコミュニケーション力は必要不可欠なものです。本書が皆さまの助けとなり、未来への希望の第一歩となることを願っています。

追伸　著者が主にＺｏｏｍを使っているので、その事例を具体的に書いています。
Ｚｏｏｍを活用されている方、ぜひとも手に取って一読されてみてください。

もくじ

もくじ

第1章

オンラインセミナー主催の基本

第1節 「オンラインは簡単」は勘違い

1 オンラインセミナー・会議の現状

オンラインのセミナーや会議は、ソフトの操作さえ学べば誰もが簡単にできる。──そんな勘違いをしている人が多いようです。しかし実際はそう甘いものではなく、うまくいくやり方を学ばないと、やはりうまくいきません。

初めてオンラインセミナーを主催する方にアドバイスをする機会がありました。Ｚｏｏｍで年金セミナーをすることになっていた社会保険労務士の方で、模擬講義を30分ほど実施してもらって、その指導をしました。

まず、カメラの位置が問題でした。パソコンを普通に机に置いたまま、その画面に向かって話をしていたので、上から下に見下げるようになっていたのです。これでは、受講者側から見ると威圧感を感じてしまいます。オンラインセミナーをおこなう当日のことだったので、ひとまずパソコンの下に段ボール箱を置いて、目の高さをカメラの位置に合わせて調整するようにアドバイスしました。結果は、受講者の評判がよかったので年金セミナーのリピートをいただいたそうです。

また、私のオンラインセミナーに参加した受講者が、怒りながらこんなことを言っていました。

「オンライン会議が嫌いだ！　会社でオンライン会議をしているけれど、何の役にも立たない会議だ。やめたほうがいいと思っている」

会議がうまくいっていないケースには、主に2つの状況が想定されます。

ひとつは、通常の対面式で集まった会議はうまくいっているけれど、オンライン会議がうまくいっていないケース。もうひとつは、対面式で集まった会議もうまくいっていないし、オンライン会議もうまくいっていないケースです。

実際のところ、後者のケースのほうが多いのではないでしょうか。通常の会議がうまくいっていないのだから、オンライン会議もうまくいくはずがないのです。

では、通常の会議がうまくいっていない原因は何かというと、そもそも会議以外のときに会話をしていないことです。どんな考えを持っている人なのか、何を思って仕事をしている人なのかといった根本を、お互いに理解していない。だから会議のときに、お互いの意見の根源や背景がつかめないのです。

よい会議をするためには、普段から会話をすること。そしてその中で、ちょっとした仕事の提案や情報の交流をおこなっておくことが重要です。普段からの積み重ねのない会社では、議論をして意見を引き出す会議はうまくいきません。つまりは、オンライン会議でも意見を引き出す議論は失敗するということです。

ただし、それでも対面式の会議であれば、それぞれが話しているときの声の大きさや視線などで、意見の本気度などがある程度判断できます。また、発言者の視線の先を予測できるので、誰に向かって話しているのかが分かります。

ところがオンライン会議では、ボリューム調整をしているパソコン等を媒介しているので、実際の声の大きさが分かりません。さらに、カメラに向かって話をしているので、誰に向かっての話なのかも分かりにくい。そのため聞いている人の当事者意識が薄くなります。

つまり、このように本気度も計りにくく、活発な意見交換が起こりにくい状況になってしまうがために、オンライン会議はうまくいかないのです。

簡単に開催できるけれど、うまく運営するにはハードルが高いオンライン会議。それを成功させるポイントは次の2つです。

まず、会議以外のときの会話を増やして、会話貯金の残高を多くしておくこと。そして、ファシリテーターの役割を果たす人を置くことです。この2つがあれば、オンライン会議をうまく運営できるようになります。

（※ファシリテーター＝会議などでテーマ・議題に沿って発言内容を整理し、発言者が偏らないように、順調に進行するように口添えする役割を果たす人。議長と違って決定権を持たない。）

2 受講ルール、禁止事項の説明は最小限にする

セミナーを主催する講師であれば、そのセミナーのルールをつくることができます。会議でも、「うなずきながら話を最後まで聞く」「自分の意見を一度は言う」「始まる時間の5分前には待機している」など、その組織やコミュニティのスムーズな運営をおこなうためのルールを、主催者はつくることができます。

私も、自分が主催するオンラインセミナーにおいて、参加者に事前にお願いしているルールがあり、紹介させていただきます。「オンラインを使うのは初めて」という方もたくさん参加しますので、これらのルールをセミナーの最初に優しく説明をしています。

① ビデオはオンにしておく

顔を見て参加者の反応を見ながら話をする場合、ビデオオンにして表情が見えるようにして

おかないと反応が分からないからです。表情を見て、話のレベルの調整、テーマの変更、話す時間の長短の調整をすることができます。

② パソコンを使う

スマホではなく、パソコンでの参加をお願いしています。画面共有でスライド資料を見ること、ブレイクアウトルームに分かれたときのグループでの話し合いなど、パソコンの機能でないと不具合が発生するからです。

③ できるだけ静かな場所から参加する

マイクが周りの音を拾ってしまうケースでは、講師が集中できなくなります。どうしても無理なケースでは、マイクを自分でミュートにして対応するようにしてもらっています。

④ リアクションはリアルよりも大きめにする

拍手、笑顔などはいつもより大きめにとお願いしています。

私の場合は、ルールはこの程度に抑えています。しかし、オンラインセミナーの最初に各種の禁止事項を伝える主催者がいます。たとえば次のような注意事項です。

- 講座中の飲食はお控えください。

・学びが深くなるので積極的にご参加ください。
・講座の受講目的を明確にしてご参加ください。
・可能ならヘッドホンかイヤホンを使ってご参加ください。
・録画・録音、動画URLの無断共有、チャットでの誹謗中傷、参加者の情報公開は固く禁止させていただきます。
・講座中の営業活動、宣伝活動は禁止いたします。

このような、あまりに多い禁止事項の伝達は、参加者にそのセミナーが安全・安心の場ではないと印象づけてしまいます。

ルールを厳しくしすぎないことが肝要。そして、ソフトに優しく教えながら、厳選した最小限のルールを伝えるほうが、心地好い安全・安心の場をつくりやすいのです。

3 途中退席があると心得る

オンラインセミナーの途中退席は頻繁に起こっています。対面式のセミナーの場合は、講師が話している途中で退席をする人はほとんどいません。しかしオンラインセミナーでは、おもしろくない・退屈・役に立たないと参加者が感じたら、平気で途中退席をします。テレビの番組がおもしろくないと思ったらチャンネルを変える感覚です。

途中退席をしなかったとしても、セミナーの途中で自分の仕事をしている参加者もいます。講師の話を聞きながら、メールを読んで返信を書いたり、Facebook のコメントを書いたりと、自分の仕事をしているのです。セミナーは参考になるところだけ聞けばよいという態度です。

参加者同士のワークがあったとしても、それはムダだから参加したくないという意思表示で、画面をオフにして参加する人もいます。ビデオオンで顔出しをしていたとしても、もう1台のパソコンを用意していて、そちらでメールのやり取りや Facebook のコメントを書いている人もいるくらいです。

オンラインセミナーでは、講師に目を向けさせて100％集中して受講させるテクニックが欠かせません。これを学ばないと話にならないのです。

4 顔出ししない参加者への対応

オンラインセミナーでは、ビデオオンで顔出しをしてくれる参加者がどれくらいいるかが重要なポイントです。顔出しを参加条件にして、全員に顔出しをしてもらうのがリピートを取るセミナーのコツです。それを条件にしないと、半分以上の参加者が顔出しをしないケースもあります。そうなると、講師はセミナー中の参加者の反応を見ることができません。参加者の半分以上が顔出ししない状況で話をするのは、反応が分からいないので講師はとてもやりづらくなります。講師がそういう状況では、当然ながら参加者が満足できるセミナーをおこなうことは難しいのです。

　顔出ししたがらないのは、参加者の不安も原因になっています。オンラインセミナーの不安とは、どんな講師か分からない、そしてどんな参加者がいるのかも分からない、というもの。
さらに、講師の話についていけないかもしれないという不安もあります。
また、初対面の他の参加者との強制的な交流は、大きなプレッシャーになります。いきなり「ブレイクアウトルームに分かれて話し合ってください」と言われても、初対面の参加者だと、怖くて危険な場所に行くことになってしまいます。だから顔出しをしないで、ブレイクアウトルームなどのワークを拒否する参加者もいるのです。

　オンラインセミナーでは、顔出ししない人の不安を取り除く運営を考えなければなりません。

第2節　楽しく学ぶ

1　「楽習」のススメ

人が「学ぶ」にあたっては、次に挙げる7つの原則が当てはまると私は考えています。

- 人は学びたいことしか学ばない
- 積極的に参加意欲を持つと、学びの質、量が飛躍的に増える
- 学ぶ意味、価値を認めると、積極的に学ぶ
- 安心して学べる環境が必要
- 協力して学ぶと効果は高い
- 振り返りとフィードバックがあると、よく学べる
- 互いに称え合ったり教え合ったりすると、よく学べる

オンラインでもこの原則を活かしていくと、安全・安心な場づくりができます。たとえば、参加者に積極性を求めるだけではなく、主催者自身もこれらを実践することが大事です。そうして無意識のうちに、参加者を積極的な状態に少しずつ変化させていく。そこで活用するべきなのが「楽習」です。

「楽習」とは、「明るく、笑いがあり、出会いがあり、動きがある」教育方法です。主役は参加者です。参加者が「気づき」「学ぶ」ことにより、笑いを持ち、お互いの理解を深め合い、成長することができます。

楽習の特徴としては、大きく2点が挙げられます。

ひとつは、命令形の言葉を使わず、講師が率先してやってみせること。そうして参加者の自発的な行動を促します。その正しさはラーニングピラミッドで説明されています。

ラーニングピラミッドとは、アメリカの教育学者エドガー・デールが、学習方法によって学習の定着率や成果がどう変わるかを研究したものです。最近ではこの理論に対する批判的な論評もありますが、学習モデルとしてとても分かりやすいので、簡単に各段階の内容についてご紹介しておきます。

① 講義を受ける（5％）

講座に出席している状態です。ただ席に座って講師の話を聞くだけだと、よほど興味のある内容でない限り講義内容のほとんどを忘れてしまいます。聞くだけだと記憶に残る割合は5％です。

② 読書をする（10％）

決められた参考書・課題図書などを読むか、講義内容に関係する書籍を自分で選んで読むだけだと、記憶に残る割合は10％です。

③ 視聴覚〔ビデオ・音声による学習〕（20％）

セミナーなどで、スライド資料の活用やビデオ動画の視聴を取り入れると、ただ聞くだけより効果があります。ただし、それでも記憶に残る割合は20％程度です。

④ 実演を見る（30％）

いわゆるデモンストレーションであり、講義の場では「先生がおこなうワークを見る」行為が該当します。身振り手振りなどのある実演内容は、解説文や動画よりもインパクトが大きく記憶に残りやすくなります。記憶に残る割合は30％です。

⑤ 他者と議論する（50％）

グループ内で自由に意見を交換し合うディスカッションや、テーマを決めてお互いに話し合うと、記憶に残る割合は50％になります。意見を交換するには、頭の中で考えを整理することや、言葉で相手に伝えることが必要です。そのため、ただ見るだけ・聞くだけよりもさらに能動的な関わりが必要になるので、記憶に残る割合が高くなるのです。また、意見交換中に他者の発言から新たな気づきや知識を得ることもできます。

⑥ 実践による経験・練習（75％）

ワークなどで自分の手や体を動かして実際に体験すると、脳に記憶させる効果が大きくなります。記憶に残る割合は75％になります。

⑦ 他人に教える（90％）

物事を他人に教えるためには、自分でしっかりと内容を理解していなければなりません。何度も実践経験を積み、時には失敗も経験することで、より上手に教えることができるようになり、記憶に残る割合も90％と最も高くなります。

オンラインでセミナーを実施するときにも、このラーニングピラミッドの考え方を踏まえて進めましょう。一方的に話すだけだと、参加者の学習効果は低いままです。たとえば、講義の小テーマごとに振り返りの問いかけをする。参加者をワークに参加させる。参加者同士のシェアタイムをつくる。そして、場合によっては参加者を講師にする。つまり、「学びの場」を「学び合いの場」に変えるということ。それが「楽習」の極意なのです。

もうひとつの特徴は、文字どおり「楽しい」こと。セミナーで学ぶだけで終わらずに、行動を起こさせるために必要なもの。それは、セミナーそのものを楽しく学び合う場にする仕掛けです。人は楽しいことしか繰り返さないという習性があります。だからこそ、セミナー後に実践してもらうために、セミナー中の楽しさを演出する必要があるのです。

2 楽習オンラインセミナーの成功事例

オンラインセミナーを受講したある参加者の例です。

企業研修をＺｏｏｍで実施することが決まっていたのですが、Ｚｏｏｍでの研修に自信がないという話でした。そこで「楽習」を踏まえたＺｏｏｍでのオンラインセミナーを受講してくれました。すると、びっくり。ライブと同じように相互交流型のセミナーができること、安全・安心の具体的な場づくりが簡単にできることを体験したら、ものすごく自信がついた表情になっていました。

後日、本人が実施したＺｏｏｍセミナーも大成功したと、弾むようなメッセージでのお礼がありました。

学んだら即実践すること。これを〝インプット即アウトプット〟と私は教えています。これは、成功している人の行動特性のひとつです。成果を出せない人はインプットにだけ時間を使っている。つまり学ぶだけで終わっているのです。

楽習の考え方は違います。教える人こそが一番学べる人なのです。ですからセミナー中も、参加者が講師側に回って楽しく教えるアウトプットの時間を取っています。だから自信がつきます。楽習で教え合い、学び合い、応援し合える場をつくることが重要なのです。

もうひとつ、私が毎月開催している、４時間にわたるオンラインセミナーの受講者の感想です。

「社会保険労務士として独立してから、業務の引き出しを増やすため、様々な研修を受講してきました。Ｚｏｏｍでのオンラインセミナーは前例がなく不安もありましたが、杞憂でした。藤咲先生の人柄と素晴らしいカリキュラムのおかげで、初対面同士でも、研修が終わるころにはまるで数年来の友人のようになれます。遠く離れた受講生同士がリアルタイムで1つになれる空間がそこにはあります。心の底から笑顔になりたいあなたへ、おすすめのセミナーです」（御代田裕介さん　社会保険労務士）

コラム

メルマガの活用で大成功

ある企業研修講師に、Ｚｏｏｍを使ったオンラインでの企業研修の依頼があったそうです。何の準備もしていなかったのでどうしようか迷ったときに、「そうだ、藤咲先生のオンラインメルマガがあった」と気づいたそうです。

過去のバックナンバーを検索して、全部読み直して勉強をしたので、うまくいったそうです。

ちょっとしたコツだけれど、知っているのと知らないのとでは大違いですね。そして、聞いただけ・読んだだけなのと体験するのとでは、さらに大違いです。その方は、実際に私のオンラインセミナーを受講してびっくりしていました。「オンラインでもこんなに楽しいんだ！」というのが感想の言葉でした。

第3節　進行計画と台本をつくる

1　60分を1コマとして構成を考える

オンラインセミナーの適正な講義時間はどれくらいでしょうか。100人くらいにアンケートを取ったことがありますが、一方的に講師が話すセミナーだと90分が限界だそうです。相互交流型でワークが多いセミナーでも3時間が限界だという結果でした。いずれも、適宜休憩があるという前提です。

もう少し細かく分析すると、たとえば3時間のセミナーで、講師が話し続けていて、それを参加者が聞いているだけの限界は15分です。したがって、相互交流型にして10分から15分ごとの単位でテーマを決め、進行計画をつくる必要があります。それに合わせてどんな話をするのか、台本も書いておきましょう。

私の場合は、導入部分とチェックインで10分、最初の講義テーマで10分、次の講義テーマで15分、その次の講義テーマで15分。そして休憩を10分入れます。このような組み合わせで計1

図1　第2回目笑顔力アップオンラインセミナー進行表6月10日（木）

時間	項目	注意項目など
	15分前Zoom会場スタンバイ、ノートと筆記具を用意。	
1時間目 13：00～13：50 挨拶とチェックイン （50分）	＜講義＞自己紹介と開講の言葉 ・ひと言挨拶と笑顔ワーク・拍手ワークなど（10分） ・講師の心がまえ、ミッション、ビジョン共有（10分） ・この一週間でうれしかったこと、楽しかったこと実施（15分） ・前回の振り返り（15分）	
	＊2回目なのでワークは参加者をインストラクターにする	
休憩13:50～14:00		
2時間目 14:00～14：50 （50分）	・ゴールを決めるワーク（5分）・答えは何クイズ（5分） ・笑顔のメリットとデメリット（15分）～書き出しメモの後ブレイクアウトルーム ・あなたの周りの笑顔のいい人は誰（10分）～ブレイクアウトルーム発表 ・笑顔の3つの効果（15分）	
	＊歯磨き笑顔体操をおこなう	
休憩14:50～15:00		
3時間目 15:00～15：50 （50分）	・笑顔体質になる3つの方法（15分）～行動を変えるワーク、顔つきを変えるワーク、感謝力を高めるワーク ・歯磨き笑顔体操（10分） ・メラビアンの不一致実習（10分）・即効褒め言葉ワーク（15分）	
	即効褒め言葉ワークはブレイクアウトルームを使う	
休憩15:50～16:00		
4時間目 16:00～17：00 （60分）	・藤咲塾オンラインセミナー第2回で学んだこと、そして、自分の決意したこと発表（15分）～ブレイクアウトルーム作成、その後全体で発表 ・対人関係力アップワーク（15分） ・セルフイメージアップワーク（15分） ・チェックアウト（15分）	
	・笑顔道チェックシートを教える	
次回	・笑顔道チェックシートの振り返りをする	

時間の進行計画をつくっています。その進行計画に合わせて台本を書いて、オンラインセミナーで講義をしています（図1）。

また、15分1テーマの講義の中でも、講師が一方的に説明するだけではなく、3分おきくらいに参加者に語りかけをしています。チャットに、気づきや質問を書き込んでもらうケースもあります。さらに、受講者の表情を見て笑顔が少なくなったと思ったら、アイスブレイクを実施します。ときどきジョークを入れて笑いを取るようにもしています。

2 スライドにタイムスケジュールを書き込む

私は、オンラインセミナーに合わせて、パワーポイントでスライドをつくり、さらにタイムスケジュールをそれらのスライドに書き込んでいます。こうしておくとスライドごとの所要時間が分かるので、全体の時間調整をすることができます。

オンラインセミナーは、終了時間をしっかりと守るのが大前提です。参加者のほとんどは、今現在受講しているセミナーのすぐあとに次の予定を入れています。場合によっては、そのセミナー終了の1分後に他のオンラインセミナーを受講する予定の方もいます。つまり、たとえ1分の延長でも信頼をなくすことになってしまうのです。

しかし、セミナーの終了時間を合わせるために、後半のスライドの説明がほとんどないまま終了するようなオンラインセミナーでは信頼をなくします。15分単位でつくったテーマごとの進行計画に合わせて1分単位で調整していけば、後半のスライドの説明がほとんど省略されるような状況は防ぐことができるでしょう。

3 休憩は1時間に1回が基本

会社主催の研修の場合は、8時間にも及ぶオンラインセミナーをおこなうケースもあります。たとえば、朝9時から夕方6時までのオンラインセミナーをおこなうケースです。

その際の注意事項は、受講者の休憩時間をしっかりと確保することです。お昼休みは1時間を確保する。そして1時間ごとに10分間の休憩を予定します。アイスブレイクの実習を数多く取り入れることなども大事です。

これらがきちんとスケジュールされていると、参加者の疲れが軽減します。個々に水やおやつなどの用意をして、水分や糖分の補給をすることも参加者に事前に伝えておきましょう。

オンラインセミナーは、目の疲れや体の疲れに配慮して1時間に1回の休憩が原則です。デスクワークにおける適切な休憩頻度は、厚生労働省が作成した「VDT（Visual Display Terminals）作業における労働衛生管理のためのガイドライン」によって細かく定められています。具体的には、「一連続作業時間が1時間を超えないようにし、次の連続作業までの間に10分〜15分の作業休止時間を設け、かつ、一連続作業時間内において1回〜2回程度の小休止を設けること。」となっています。

もちろんこの厚生労働省のガイドラインには〈「単純入力型」及び「拘束型」に該当する作業に従事する者については〉とあるのですが、いずれにせよ連続作業時間は1時間未満であること、連続作業の間に10〜15分の作業休止時間を設けるのが理想的ということです。オンラインセミナーにおいても、同様の基準で休憩時間を取らなければなりません。休憩時間は目を休めて、席を立って歩くなどの軽い運動を勧めましょう。

参加者の休憩中に、講師は参加者に合わせてカリキュラムの難易度の調整をおこないます。たとえば、カリキュラムの削除や、必要だと感じたカリキュラムを追加するなどの微調整です。休憩後、カリキュラムの進行の順番を変えることが必要なケースも生じます。そして、参加者一人ひとりの講座中の反応や会話を思い出して、再開後にかける言葉を考えておくようにします。

オンラインセミナーの講師は、講義が終了するまで休み時間はありません。講義中はもちろん、休憩中も頭を高速回転させて、よりよいセミナーをおこなうためにベストを尽くすのです。

オンライン講師としての体力をつけるには、繰り返してオンライン講師の体験を積んでいくことが一番の方法です。運動と同じで、繰り返すことで体力がついてきます。

コラム　オンラインセミナーの休憩中にやっていること～受講者アンケートより

・洗濯物を洗濯機に入れる　・洗濯物を干す　・洗濯物を取り込んでたたむ　・風呂掃除
・食器を食洗機に入れる　・食器を洗う　・腰痛体操　・ストレッチ
・家の周りを散歩する　・家のポストに郵便を取りに行く　・食事の準備　・掃除
・リモートの旦那さんと話す　・妻や娘、息子と雑談をする　・ティータイム
・おやつタイム　・ソファでくつろぐ　・ご飯を食べる　・メール返信
・Facebook 返信　・SNSチェック

こうして見ると、けっこう家事をしている人が多いですね。オンライン講師をしていると、参加者はゆっくりと休んでいるだけと思いがちですが、家事をしている人が多いことも想定しておくといいと思います。

私も参加者のときは、セミナー開始の前に洗濯機のスイッチを入れておいて、1時間後の10分休憩のときにベランダに洗濯物を干したりします。たとえ雨が急に降ってきても、

洗濯物をすぐに取り込めるというのもオンラインのよいところです。休憩時間にサラダをつくったり焼きイモをつくったりすることもありますし、中学校から帰ってきた娘に声をかけることもあります。

休憩時間に家事ができることも、オンラインのよいところなのです。

4　オンライン会議のタイムスケジュール作成

オンライン会議を成功させるにあたって重要なのは進行計画をしっかりと作成しておくことです。進行計画を作成するには7つのポイントがあるので、次に挙げておきます。

①　会議・ミーティングの目的を明確にする

たとえば、毎月の定例会議であっても目的を明確にしておかなければなりません。

オンライン会議を開くこと自体が目的になってしまっているケースが見受けられますが、オンライン会議はあくまでも手段です。一般的に営業会議や役職者会議の目的は、組織が効率的に目標を達成することにあるはずです。会議の開催時に、まず会議の目的を共有することから始めましょう。

② 会議・ミーティングのゴールイメージを明確にする

会議が終わった時点で、どのような成果を得ているかをゴールイメージとして明確にしておくことも重要です。「ゴールイメージのない会議だから成果が出ないのだ」と言ってもよいくらいです。

会議進行の上手なファシリテーターであれば、自分なりのゴールイメージを持っています。たとえば中期経営計画発表会議でしたら、これから進めようとしている中期計画について、多少の修正はあったとしても大きな方向性については皆が一致した目標達成に向かう気持ちになっていること。それがゴールイメージになるはずです。

③ 議論を進める上でのグランドルールを設定する

会社にはそれまでに構築された風土があります。会議でもその風土が出てきます。出る杭は打たれる風土、余計なことを言わない風土、上司の発言には反対しづらい風土……などいろいろあるでしょう。そして暗黙のルールになっていることも多いと思います。

会議を実りあるものにするためには、守ってほしいオンライン会議独特のルールを構築しなければなりません。「発言はうなずきながら聞く」「意見があるときは画面上で手を挙げる」「拍手は見えるように大きくおこなう」など、オンライン会議のグランドルールを作成するのですが、これには簡単な方法があります。守ってほしいオンライン会議のルールをそれぞれチャットに書いてもらうのです。それをまとめるだけでも、十分役に立つオンライン会議のグランドルールが出来上がります。

④ 参加者の特性や状況、人数を把握して、運営の作戦を立てる

ファシリテーターは運営の作戦を立てなければなりません。たとえば、モデルとなる発表を特定の参加者に依頼するのです。情報を共有して業績の向上を図ることが目的の会議でしたら、成功事例を発表してもらうように事前に調整しておきます。発表用のスライド画面の作成なども依頼しておきましょう。このような繰り返しがオンライン会議のレベルを向上させる秘訣です。

また、日ごろの人間関係も会議では大きく影響します。オンライン会議に嫌悪感を持っているような参加者がいたとしたら、その特性を考えて作戦を立てるのもファシリテーターの役割なのです。

⑤ 日程や事前の事務手続きを設計する

オンライン会議が時間どおりにスムーズに始まらないことがあります。日程・時間の連絡ミス、事前と直前のスケジュールの確認不足や出席者自身の自覚の不足が原因でしょう。ファシリテーターの事前の調整が必要となります。

⑥ ファシリテーターの役割を決める

自由に意見が出ない会議の原因は、司会者が暗黙のうちに権威的な力を発揮することにあります。会議・ミーティングの運営プロセスの中で支援的な立場に立つ、ファシリテーターの役割を決めることです。

⑦ 討議テーマと進行予定を設計する

当日の進行スケジュールの作成をしましょう。テーマごとの時間配分や休憩時間などを計画的に予定します。そして、進行に合わせて会議のイメージをつくります。そこでどのような意見が出るか、台本づくりもしてみましょう。どこでどのような意見が出るかは参加者の特性を把握すると予測できます。途中で意見が分かれたときの対応などを予測しておくことも大事です。

以上のポイントからも分かるように、会議においてはファシリテーターの役割がとても重要になってきます。ファシリテーターとしての心得を図2にまとめたので、こちらも参考にしてください。

図2　ファシリテーターの心得チェックリスト（オンライン会議版）

項　　目	評　価
	3…できている 2…どちらともいえない 1…できていない
(1) 会議の目的を的確につかんでいる	3　2　1
(2) 参加メンバーの特性・人数をつかんでいる	3　2　1
(3) 参加メンバーにはあらかじめ議題・テーマ・必要情報は伝えてある	3　2　1
(4) 協力を必要とする人には、事前に意見の発表依頼などの調整をしている	3　2　1
(5) 予想される異論・反論に対する対応を考えている	3　2　1
(6) 会議終了後のゴール像をイメージしている	3　2　1
(7) 開催時期など、参加メンバーの負担にならない配慮をしている	3　2　1
(8) タイムスケジュールなどには十分に気を使っている	3　2　1
(9) オンラインに慣れない人への配慮をしている（操作を事前に教える、早く入ってもらって通信確認をしている）	3　2　1
(10) (1)～(9)のことを検討した上で、会議・ミーティング計画書を作成して、会議・ミーティングに臨むようにしている	3　2　1
(11) 会議・ミーティングの目的（主旨）を参加メンバーに共有化させている	3　2　1
(12) 会議・ミーティングの運営方法（グランドルール～発言は最後まで聞くなどの取り決め）を図った上で進めている	3　2　1
(13) 役割分担（司会、記録係、時間係など）を決めている	3　2　1
(14) 場の雰囲気づくりも心掛けている（チェックイン、アイスブレイク、休憩のタイミング）	3　2　1
(15) 傾聴の動作のモデルとなっている（アイコンタクト、うなずき、あいづち、復唱、要約、ページング）	3　2　1
(16) 質問のテクニックを的確に使っている（6W1H～なに、なぜ、いつ、どこで、だれが、だれに、どのように）	3　2　1
(17) 参加者の場の空気を読む（発言の少ない人への働きかけも怠らない。参加者の非言語的メッセージも把握する）	3　2　1
(18) スライドを活用したり、チャットを使ったりして、テーマや意見が見えるようにしている	3　2　1
(19) 会議の混同を整理する（問題と対策の混同、マクロとミクロの混同、現実論とあるべき論の混同）	3　2　1
(20) オンライン会議中に決定事項を要約し、実行のための役割分担を参加メンバーと確認し合う	3　2　1

第４節　参加者情報を事前に把握する

1　参加者の情報収集をする

あなたのセミナーを初めて受講する人から、申し込みメールが届きました。そのときにまずすべきことは、どんな人なのかという情報収集です。申し込み時に職業が分かる設定にしておくと、職業がつかめます。また、誰の紹介かが分かると、その紹介者と同じような価値観や考え方をしていると予測できます。これだけでも大きな情報になります。オンラインセミナーに集まって来る人が、どんな人たちか分かるとどのような話をすればよいのかイメージできるのです。

集まって来る人たちを想定できたら、オンラインセミナーのイメージトレーニングをしましょう。その際に基本となる進行計画をアレンジして、台本もアレンジするのです。もちろん、いざオンラインが始まってみると、イメージしていた人と実像が違うケースもあります。そのときは、その場で再アレンジをすればよいのです。

事前に情報が分かっている利点は他にもあります。たとえば紹介者が分かっていたら、セミナー中に「○○さんのご紹介での参加ですね！」のひと言を伝えるだけでも、参加者は笑顔になって講師の言うことを素直に聞いてくれます。また、それぞれの悩みや相談を受ける際も、職業が分かっているとその職業に合わせてピンポイントで応えることができます。

たとえば社会保険労務士には「社労士は年度更新で大変忙しい時期ですよね。こんなときに参加していただいてありがとうございます」、飲食店経営者には「飲食店の経営って、今は大変ですよね」といった言葉をかけると、参加者は自分のことを分かってくれていると安心するのです。

2 Facebookで検索して調べる

申し込み時に一切の情報が分からない人の場合は、Facebookで検索して基本情報を確認する方法もあります。誰と友達なのか、どんなFacebook投稿をしているのかを調べておけば、その人が大切にしている価値観がある程度分かります。普段のFacebook投稿は、参加者が大切にしている価値観や信念が表現されているものだからです。

ところで、Facebookで調べても名前が出てこないケースがあります。Facebookをやっていないというだけではなく、ＳＮＳツール自体が苦手・嫌いというケースもあります。そうであれば、Ｚｏｏｍなどのオンラインツールの操作も苦手な人かもしれないと予測しなければなりません。オンラインセミナーのスタート前に、Ｚｏｏｍの操作の基本指導をする時間を取る案内を送りましょう。オンライン開始時のトラブルを未然に防ぐことができます。

名前をFacebookで検索してみると、すでに友達登録されているケースもあります。その際には、Facebookメッセージでオンラインセミナー申し込みのお礼を伝えましょう。直接のメッセージで喜んでいただけるケースがほとんどのはずです。私は、相手からもお礼のメッセージが来た場合は、メルマガ登録のお願いもしています。

３ オンラインセミナー開始前に関係づくりをする

私のオンラインセミナーへの申し込みは、メルマガ読者が約60%を占めています。申し込みの段階ではFacebookで友達になっていなくて、「誰だろう?」とメルマガ読者リストの検索をすると、長い間メルマガを読んでくれている人だったりするのです。その際は、メールで申し込みのお礼を伝えて、Facebookの友達申請もお願いしています。

このように、オンラインセミナー開始前に関係づくりをすることも大事です。セミナー開始前にFacebook登録やメルマガ登録をお願いする意図は、講師と参加者の関係づくりのためなのです。

セミナー申込時からセミナーの開始日までに、たとえば10日間あったとしましょう。その10日間は、毎日メルマガやFacebookで私の投稿を読んでいただける可能性が高くなります。そうすると、オンラインセミナーで初めて会ったとしても、親しみを感じて優しい笑顔で私のことを見てくれることになる。そんなケースがほとんどです。もちろん私のほうも相手の情報をつかんでいるので、親しみを込めて個別の問いかけをすることができるというわけです。

第5節 パソコンの2台使いは基本

1 2台のパソコンは最低限必要

オンラインツールのＺｏｏｍのよいところは、オンラインセミナーが簡単に録画できるところです。講師は録画を見て、自分の話し方や表情を振り返ることができます。この振り返りがとても大切です。自分がどう見えているかをつかんで改善を繰り返していくのです。

実際に参加者を集める前に、ひとりでＺｏｏｍでのセミナーの練習をして、それを録画して見てみる。すると、改善したほうがよい点がすぐに見つかります。なお、練習をするときには講義用のパソコンだけではなく、参加者から自分がどう見えているかを確認するためのパソコンも用意しておきましょう。自分の見え方を客観的に把握しながら練習することが大事です。

あとは、講座を主催して、何度も繰り返してやってみることです。やりながら改善していけばいいのであって、どんな学びも実践しないと気づきがありません。ＰＤＣＡサイクルではなく、ＤＣＡＰサイクル（あえてＤから始める）が大切だと教えています。

私自身も、講義中は2台のパソコンの画面を見ています。1台は講義中の自分と参加者の表情を見るためのもの。笑顔や問いかけ時の表情のチェックをしながら言葉をかけています。もう1台は、参加者が見ている画面と同じ画面を見るためのものです。資料説明の共有画面が表示されないなど、操作上のミスがないかを確認しています。そして、講義中も2台のパソコンを見て話をしながら、「どうしたらもっとうまくいくか」を常に考えながら進行しています。

さらに、オンラインセミナーで使用するパソコンは、使い勝手を考えて画面の大きなものを用意しましょう。私は14インチ画面のノートパソコンを使っています。移動先のホテルでも、オンライン打ち合わせやセミナーをしなければいけないケースもあるので、この大きさであれば持ち運びもできて使い勝手もよいサイズです。以前は12インチ画面のものを使っていたのですが、それだと画面サイズが小さくて、オンラインセミナー用としては不便だなという印象でした。

移動を考えなくてよいケースであれば、デスクトップの大画面パソコンにしたり大画面モニター接続したりすれば、参加者の表情を大きく見ることができます。私も、参加者が20名以上いるケースでは27インチモニターを接続して活用しています。

コラム

移動時にパソコン2台持参

出張中に、私の主催するオンラインセミナーの予定がありました。そのようなケースでも、迷わずパソコンを2台持参して活用しています。参加者に満足してもらうセミナーをおこなうためには、パソコンの2台使いは欠かせないと思っています。パソコンを1台ずつパソコンケースに入れて、その2台をまとめてリュックタイプのパソコンケースに入れて大切に持参しているのです。

2 電源落ちのトラブルを防ぐ予備知識

オンラインの環境は参加者によって違っています。ハードの問題で画面がフリーズするケースがありますが、その原因は大きく3つあります。

①利用者が多い時間帯だからフリーズする
②端末（スマホやパソコンなど）が悪いからフリーズする

③インターネット環境が悪いからフリーズする

①Ｚｏｏｍの利用者が多い時間帯

自分だけではなく、会議の参加者全員のパソコンがフリーズする場合は、原因はサーバー側にあると考えてください。同じ時間帯の利用者が多ければ多いほど、動きが遅くなります。最悪の場合は接続すらできなくなることもあります。こういった場合は、私たちユーザーにはどうすることもできません。再度、接続し直すくらいでしょう。Ｚｏｏｍは、今一番人気のビデオ会議ツールですので、利用者がどんどん増えています。しかし毎月のように改善しているので、私のセミナーではＺｏｏｍのシステム自体のトラブルはほとんどない状態になっています。

②端末が悪い

Ｚｏｏｍを利用しているパソコンに原因がある場合です。これは結構多いと感じています。「Ｚｏｏｍだけでなく、ワードやエクセルも動きが遅い」「パソコンの起動に時間がかかる」といった場合は、使っているパソコンに原因があります。この解決方法としては、パソコンを新しく買い換えるのがベストです。Ｚｏｏｍはメモリを多く使用しますので、容量の小さい低価格帯のパソコンの場合は厳しいかもしれません。

そもそも起動に時間がかかっていたり、常日頃から動きが遅かったりするような場合は、パソコン自体の寿命かもしれません。パソコンは2～3年ごとに買い替えることをお勧めしています。

③ ネット環境が悪い

最後は「インターネット環境」に原因がある場合です。これが最も多いかもしれません。「YouTubeで高画質にすると固まる」「写真を添付したメールがなかなか送信完了にならない」といったトラブルを普段から抱えている場合は、すべてインターネットの速度が原因となっています。

インターネットの速度を改善するには、高性能のWi-Fi（ホームルーター）を使用するのが手っ取り早い方法です。オンライン講師の方には、有線のケーブルを直接パソコンにつなぐ方法をアドバイスしています。これが最善策といえます。

コラム

画面フリーズの原因は？　お子様がオンラインゲームをしていませんか？

オンラインセミナー中に画面がフリーズしてしまった参加者がいました。土曜日に自宅から参加している人でした。環境の確認をしたら、中学生のお子様がオンラインゲームをしていたそうです。同じWi-Fiを使っていたそうなので、お子様のオンラインゲームをやめてもらうと画面のフリーズがなくなりました。

第2章

オンライン
コミュニケーションの
成功法則〜スタートアップ編

成功法則 1 冒頭の「つかみ」が大事

1 セミナー30分前に通信確認

講師や主催者は、セミナースタートの30分前にオンライン（Ｚｏｏｍなど）にパソコンを接続して、無事に起動するかどうか確認しましょう。30分前なら、何らかのトラブルがあっても、参加者に連絡をするなどの対応ができます。よくあるトラブルは、Ｚｏｏｍのアドレスを間違って案内しているケースです。急いで正しいＺｏｏｍアドレスを案内し直せば、参加者は対応することができます。

開講前の30分間は、参加者からの問い合わせやトラブル対応のために、携帯電話やメール、そしてFacebook メッセージの確認がすぐにできる態勢を整えておくことも重要です。1人で対応しなければならないケースもあると思いますが、そうであっても30分前から心の準備をしておけば対応できるでしょう。

また、定刻スタートではなく15分前から入れるという告知をしておくと、オンラインに入れない人からの連絡が来ても落ち着いて対応できます。定刻まではオンラインに入ることができるはずです。

実際にあった事例だと、オンラインに入れたにもかかわらずパソコンの音声が出ないというケースがありました。本人に音声設定などを確認してもらったところ、パソコンの音声をミュートにしていたことが原因でした。また、パソコンの画面がフリーズしてしまったというケースでは、再起動して入り直してもらいました。

このようなトラブルは「起こるもの」だという前提で、落ち着いて対応しましょう。

2 講師の印象は最初の5分で決まる

講師としての第一声を、お礼の言葉で始めているでしょうか。「参加していただいてありがとうございます」などの言葉で始めることが大切です。さらに、「ありがとう」の言葉を始めと最後、講座中にも入れましょう。

お礼をしっかりと伝えること。それも、個別にしっかりと伝えるのがポイントです。全員まとめて「今日はおいでいただいて、ありがとうございます」と伝えても、ほとんど効果はありません。自分にお礼を言われていると感じる人はいないからです。

最初の5分間で、さりげなく名前を入れながら、一人ひとりにお礼を伝えるようにします。そうすると、相手はニコッと微笑んでくれます。そして、講師に対して「礼儀正しくていい人かもしれない」と思ってもらえるものなのです。そう思っていただくことが、その後のセミナーの進行をスムーズにしてくれる要因になります。

さらに、好印象を最も与えることができるチャンスが「名前変更」の操作です。Ｚｏｏｍの名前は、最初はローマ字設定になっていることが多いため、講師も参加者もすぐに読めないことがあります。最初に名前の変更をしてもらいましょう。「名前の変更をお願いします。慣れていない人は私がやるので言ってくださいね」と参加者に伝えてください。「私がやるので言ってくださいね」と言うことで、「なんて優しい人なのだろう」という印象を持ってもらうことができます。名前を変更するときに、どこの都道府県から参加したのかを書いてもらうのもお勧めです。

ところで、「朝顔チェック」という言葉を聞いたことはあるでしょうか。周りの人の朝の顔をチェックする、というものです。朝の暗い表情を見て「どうしたの？」と声をかけると、「今日は少し体調が悪くて……」といった会話につながります。自分の話ができたことで、相手は気持ちが和みます。このように、朝の表情はとても大切なのです。

会社の中でも、相手の様子をちゃんと把握している上司や周りの人が声をかけてくれると、コミュニケーションがよく取れてチームワークもよくなります。この「朝顔チェック」を続けていると、会社を辞める人がいなくなるなどの大きな効果があるとされているくらいです。

オンラインのセミナーや会議でも同じことがいえます。したがって私も、参加者の最初の表情をよく見るようにしています。たとえば「疲れた顔をしているな」と感じた場合は、プライベートや日常生活で疲れているケースがほとんどです。セミナーが嫌だからそんな顔をしているわけではないので、そこは気にしなくても大丈夫。ただ、相手の最初の顔をチェックして覚えておくことは大事です。もちろん、たった5分間で「相手の表情をよくしよう」と頑張る必要はありません。徐々にラポールを積み重ねていくことで、自然と変わっていくものです。

（※ラポール＝信頼関係と意味づけされています。しかし、もっと気楽に「ラポール＝この人いい人かも、この人好きかも」と解釈したほうが実践的です。会話の繰り返しで好きになってもらうことがラポールだと考えると、行動しやすくなるからです。）

3　全員そろったら「ひと言メッセージ」

講師が参加のお礼を言ったあとは、受講者一人ひとりに10秒くらいでよいのでひと言メッセージを話してもらいましょう。その際の自己紹介は、発表するテーマを決めておこないます。本人にテーマを任せると長くなり過ぎるし、まとまりがないものになる恐れがあるからです。個人の宣伝ばかりする人もいますので……。

テーマは、名前とどこから（都道府県）参加しているか、そして仕事の3つです。たとえば「東京から参加している○○です。仕事は社会保険労務士です。よろしくお願いいたします」というもの。これを講師がやって見せて、そのあとで受講者全員に一人ひとり挨拶をしてもらいます。

セミナーの冒頭で、簡単なことでかまわないので受講者に声を出してもらうことに意味があります。名前と声のトーン、顔、参加地名があると記憶に残るので、覚えやすくなるからです。話し方から、明るい人なのか暗い人なのか、頭の回転が早い人なのか……といった印象も伝わってくるので、その人のことが少し理解できるはずです。それがセミナーにおける安全・安心な場づくりの、小さいけれども大事な一歩なのです。

あいさつを交わすことで受講者は〝ちょっと安心〟な気持ちになります。そして、最初にひと言メッセージを発信すること、それを受信することで、ブレイクアウトルームに分かれたときの不安がかなり解消されます。というのは、どんな人か分からない人とのいきなりのブレイクアウトルームでの会話は、ほとんど続きません。しかし、名前と顔と所在地が一致していれば、受講者同士の話のきっかけになってくれます。

たとえば、福岡県の○○さんという情報があれば、「私も福岡生まれなんですよ。懐かしいです」「私は福岡に単身赴任をしていたことがあります。おいしい飲食店がたくさんあったので助かりました」などと、話題のきっかけにできます。さりげなく共通点を見つけることができるのです。共通点がある人とは話がしやすくなりますから、ブレイクアウトルームの会話も活発になるというわけです。

このように、初めのうちは興味や関心がなくても、何度か接触するうちに強い印象を受け、さらには好感を抱くようになるという心理学の法則があります。アメリカの心理学者ロバート・ザイアンスが１９６８年に発表したもので、ザイアンスの法則（ザイアンスの単純接触効果）と呼ばれます。以下に簡単にまとめておきます。

- 人は知らない人には攻撃的、冷淡な対応をする。
- 人は会えば会うほど好意を持つようになる。
- 人は相手の人間的な側面を知ったとき、より強く相手に好意を持つようになる。

4 基本操作を教える

私たちは基本操作を、「これくらいわかるだろう」と思って軽視しがちです。しかし、慣れていない人は必ずいます。基本機能の説明をすると、毎回喜ばれるものなのです。面倒がらずに簡単な基本操作を教えておきましょう。

Ｚｏｏｍの場合は、ミュートボタンの使い方、カメラのオンとオフの使い方、ギャラリービューとスピーカービューの切り替えのやり方などを、画面で操作しながら優しく教えていくのです。

たとえば、オンラインセミナーで飽きてしまうのは、同じ画面ばかり見ていることも理由のひとつです。講師が話しているときに「スピーカービュー」にしてみることも勧めてみましょう。講師ではなく参加者が話しているときに、その人の表情が見えると感情や気持ちなども伝わりやすくなります。ぜひ使い分けてみてください。

このとき、「使い分けても講師にはわからないので、安心して変更してくださいね」とひと言添えましょう。「安心」という言葉を使うのもポイントです。

使い方を説明する例を挙げておきます。

① ギャラリービュー、スピーカービューの使い方

「右上の表示ボタンをクリックしていただけますか？　今『ギャラリービュー』で全員の顔が見えているはずです。次に『スピーカービュー』というところを押してみてください。すると、私の表情が画面全部に写ります。このように、スピーカービューにするとその人の表情がアップになるので、表情の向こう側にある感情もちゃんと読み取れるようになります。これがオンラインを楽しむコツです。ぜひ使い分けてみてください」

② ミュート機能の使い方

「ミュートボタンを押すと、話している声が聞こえなくなります。怖くないので押してみてください。私のセミナーではミュートボタンを使う必要はありません。皆さんの反応を知りたいので、笑っている声や、お互いにツッコミを入れるやり取りも楽しんでください」

③ カメラの使い方

「カメラも、できるだけオンでお願いします。ただし、ご自身の用件で電話に出るときには、他の人がセミナーに集中できるように『カメラオフ』と『ミュートオン』にしてください」

こうしたマナーは、伝えておかないと分からない人もいるものです。人は、否定や禁止を言われると楽しくなくなってしまうので、できるだけ優しく、笑顔で、楽しく伝えるようにしましょう。そして、教えるときは講師と参加者のラポールのチャンスなのだと思って、優しく丁寧に教えましょう。講師の思いやりと優しさを伝えることができます。

そして大事なのが、できない人がいても「大丈夫です。できなくてもセミナーの受講には問題ないですよ」と伝えること。できないことがプレッシャーとなって、セミナーへの参加意欲が低下する人がいるからです。

コラム

オンラインセミナーが大好きだという参加者の理由は⁉

オンラインセミナーが大好きだという受講者がいました。対面式のセミナーよりも好きなのだとか。理由を聞くと、急な電話にもすぐに出ることができるからだ、と。その受講者は不動産の売買や株式の売買をしている人だったので、急な電話にも迅速に対応をしないと、何千万円もの損失を出すことがあるのだそうです。

オンラインセミナーが好まれる理由のひとつとして心に残りました。

成功法則 2 視線と表情を読み取る

1 視線で感情をつかむ～言葉よりも先に顔を見ている

オンラインセミナーは感情が伝わってこない（から嫌だ）という人がいます。しかし、決してそんなことはありません。感情は、表情からつかむことができるからです。

特に視線の動きです。講師の話に共感している場合は、画面に向かって視線を合わせています。表情筋も少し柔らかでおだやかな表情をしています。たとえば、講師の冗談で受講者の口元が少しゆるんだりする様子から、気持ちが和やかになっていることが分かります。その逆に、受講者がほんの少しでも顔をしかめたりする瞬間も見逃さないようにしなくてはなりません。

たとえば、セミナーで私がこんな話をしたことがあります。

「職場では、相手の価値を落とすような暴言やいじめのような言葉がありますよね。これを体験すると、会社を辞めたくなりますよね」

すると、視線を下に落とす参加者がいました。表情筋が少し下がって、悲しげな雰囲気を出していました。これだけで、職場でつらい思いをしたこの参加者の過去の体験を想像することができます。それを分かった上で、気づかないふりをしながらその人に話をふってみると、経験談としてテーマが深まる話をしてくれることがあります。他の受講者からも共感する声が上がり、学びが深くなるのです。

このように、オンラインでも相手の気持ちを視線から読み取って活かすことはできます。つまり、視線の先に注意を払っておくことが大事です。

次に、相手の表情の裏にある感情を引き出す問いかけも必要になります。なかには分かりづらい人もいるのですが、まずは分かりやすい人に問いかけて話を聞くといいでしょう。頬が緩んでいる人は、リラックスしていると分かります。そのような人に今の気持ちを聞いてみると「うれしい」「楽しい」といった返答をしてくれるでしょう。

もしも「場が暗いな」と感じたら、わざとそういう明るい感じの人に問いかけてみます。場を明るくするのに有効な方法のひとつです。

今や、オンラインのほうが視線や表情が分かりやすいといえます。Ｚｏｏｍのギャラリービューだと全員の顔を1つの画面で見ることができるので、参加者のひとりが視線を落としただけでも、講師は感じ取ることができます。9名以下の参加者であれば特に分かりやすいのですが、慣れてくると、16名の参加者の中のたったひとりの視線の動きさえも分かるようになるものです。

もちろん、対面のほうが表情や視線を読み取りやすいという人もいます。私も1対1ならそうかなとも思いますが、たとえ対面であってもセミナーの参加者が20名以上ともなると、一人ひとりの表情や視線を読み取るのは難しい。ひとりに集中して見ていると、他の人を見ることができません。同じタイミングで全員の表情を見るのは、対面の講座だと無理なのです。

さらに、対面だと今のご時世では全員がマスクを着用していますから、口元の表情が分かりません。マスク着用の顔から感情を理解するのは、相当難易度が高くなります。その点Ｚｏｏｍのギャラリービューは、１つの画面で全員の表情と視線が分かるので、感情がとても読み取りやすいのです。

ところで、表情を読み取るのに最適な人数は、講師と参加者が1対1のマンツーマンであるのは、オンラインでも同様です。したがって、カウンセリングや個別セッションはオンラインで十分に対応できるともいえます。むしろオンラインのほうが、相手の目を見る恥ずかしさがなくなるという人もいるので、アドバンテージがあるかもしれません。

では、表情や視線が1つの画面でしっかりと分かる最適なオンラインセミナーの人数はどれくらいだと思いますか？　私の体験上ですが、参加者４名、講師1名、講師用確認画面1名の合計6名が最高の状態です。講師用確認画面というのは、講師はパソコン2台で参加して、1台は講義用として使い、もう1台は資料の画面共有をしたときに参加者にどう映っているかを確認する画面です。慣れてくると参加者7名、講師1名、講師用確認画面1名の合計9名でも十分に相手の感情を読むことができます。

そして限界の人数は、参加者14名、講師1名、講師用確認画面1名の合計16名です。ですから私のセミナーでは、14名を超える受講者を集めないようにしています。感情を把握しての話ができなくなるので、参加者の満足度が一気に下がるからです。参加者が20名を超えることが予測される場合は、2回に分けて開催するように気をつけています。

2 アイコンタクトには愛があるか

「アイコンタクト＝相手の目を見ること」だと勘違いする人がいます。相手の目をじっと見るのは「威嚇」と取られかねません。特にある程度年配の男性だと「目を見る＝睨みつける」となってしまう恐れがあります。これではパワハラです。一番怖いアイコンタクトは格闘家の「やっつけてやる、倒してやる」という目だと思うのですが、そんな視線にならないように気をつけなければいけません。

アイコンタクトが威嚇や格闘家の目にならないように、対面のときは、相手の目ではなく鼻と目の間を見るとよいでしょう。男性講師の中には、つい真剣になって怖い目をしている人もいるようです。「もしかすると愛情がないのかな……」と相手に伝わってしまうので、十分に気をつけてください。参加者は、講師が本当に自分を大切に思っているのかどうかを見ています。講師は、自分が思っている以上に参加者に見られているということを知っておく必要があります。

オンラインだとカメラと視線がズレているので、直接、画面上の相手の目を見ても問題はありません。ただし、自分の目や表情には気持ちが表れます。ぞんざいな気持ちでいると「この人は愛情がない人だ」と、すぐに相手に伝わってしまいます。それくらい、目には多くの情報がつまっているのです。愛情を持って相手の目を見ること。それがアイコンタクトです。「愛情＝大切に思うこと」です。その気持ちを入れてアイコンタクトをしましょう。

セミナーで私がいつも話しているビタミンの話があります。

「アイコンタクトがあると、ビタミンをもらうことができます。ビタミンCでもなく、Aでもありません。アイコンタクトは愛を込めて、そう、ビタミンI（愛）をプレゼントする気持ちを込めておこないましょう」

愛情を込めて、思いやりと優しさを心に持つことを心がけて、「この人をどうしたら幸せにできるか」を考えて相手を見る。これが本当のアイコンタクトです。ビタミンＩ（愛）をプレゼントする気持ちがあると、たくさんの顔が並んでいるＺｏｏｍ画面の中のあるひとりに向かってアイコンタクトをしても、それがちゃんと伝わる場合があります。

こんなことがありました。ある参加者が「先に退出します」とアイコンタクトで知らせてきました。私もアイコンタクトで「ＯＫ」と伝えます。お互いのコミュニケーションがオンラインでもできていたという例です。

コラム　講師の裏技

オンラインセミナーをするときに一番見ておかないといけないのは、自分の表情です。ギャラリービューの場合、私は自分の画面を左上に置いています。その隣にはどんな人を配置するのか。Ｚｏｏｍは講師が受講者を並べ替えることができますので、講師の隣には笑顔のよい人、うなずきの多い人を配置しましょう。自分の表情を見ながら、うなずいている受講者を見ることができるので、心地好くセミナーを進行することができます。

3 非言語情報はオンラインのほうが伝わる時代

オンラインでのコミュニケーションは言葉中心になりがちです。しかし、非言語情報でも思いや感情は伝わります。オンラインでの「非言語情報のチェックポイント」を、以下に挙げます。

●見る——顔の表情、顔色、話を聞く姿勢、視線の方向、ジェスチャー、手の仕草、うなずき、視線の方向、涙腺、肩の上がり方、眉毛の動き方、まばたき、口の開き具合など

●聞く——声のトーン、話すスピード、話のリズム、声の抑揚、口数、語尾、間の取り方、話の内容、うなずきの声、笑い声、呼吸音、吐息、ため息、話し方のクセ、擬態語・擬声語の使い方、「へぇー」「すごい！」などの感嘆詞、口グセなど

このようなチェックポイントで感情を読み取ることができるのです。思っていることを言葉で伝えるだけではなく、顔（表情）で伝える人、体感（声のトーンや感嘆詞）で伝える人もいるのです。

たとえば、うなずきだけでも気持ちが伝わります。大きくうなずくと「深く理解しました」

という気持ちが伝わります。小さくうなずくと「共感しました」。うなずかないときは、「違うかも」。何度も小さくうなずくときは、「分かったのでどんどん次のことを話してください」。そんな気持ちが伝わってきます。聞くときのあいづちの声のトーンが優しい人からは、優しさも伝わってきます。また、オンラインでも手の仕草は大きなポイントです。本人は無意識でも、手の動きが多い人がいると周りの雰囲気が楽しくなるものです。

　このように、非言語からも、いろいろなことが伝わっているのです。

　それから、参加者の中には、問いかけをしても言葉がすぐに出てこない人もいます。決して何も考えていないというわけではなく、気持ちや想いが言語化まで至っていない場合も多いのです。勘違いしないでおきたいのは、「発言が少ない＝満足度が低い」とは限らないということ。表情からは喜んでいるかどうかは分かりにくく、ほとんど話していない人でも満足度が高い人もいます。表情からは分かりにくい人がいた場合は、「今、どんな気持ちですか。一言でもいいですよ」と、笑顔で、軽い問いかけをしましょう。そうすると、表情からは分からなかった気持ちが返ってくるものです。

4 参加者ごとにストロークを変化させる

心理学に「ストローク（ｓｔｒｏｋｅ）」という言葉があります。これは、言語（言葉）・非言語（態度や仕草）にかかわらず、相手の存在を認める行為を指すものです。肯定的なストロークは人間関係を良好に保つものであり、かけられた当人の心の栄養にもなるものとされています。

たとえば、明るく元気な挨拶、相手のよいところを褒める、感謝を伝える、そして笑顔も、すべて肯定的ストロークです。誰もが当たり前にできる行為ですが、相手に肯定的な心の動きを生み出す効果があります。自分の存在が認められていると感じるのです。

オンラインのセミナーや会議でも、肯定的なストロークをできるだけ多く参加者にプレゼントすることが大事です。ただし気をつけたいのは、講師の中には「すごい」「素晴らしい」を連呼する人もいますが、これでは相手の心には刺さらないということ。相手をよく見て、その人に合ったストロークをかけることがポイントなのです。

参加者の発した言葉の中には、その人の人生や歴史がつまっています。その言葉に適切に反応したストロークで伝えるように意識することが重要です。参加者それぞれの表情や発言を覚えておいて、そこから伝わってきた感情に応じて臨機応変にストロークをかけるようにしましょう。

たとえば、こんなストロークのかけ方もあります。

「〇〇さん、ありがとうございます！」

「〇〇さん、素敵な笑顔ですね」

「〇〇さん、素晴らしい発表をありがとうございます」

その回数や比重も、参加者によって変えることが大事です。Ｚｏｏｍであれば、ギャラリービューで見たときに一番暗い表情をしている人に、より多くの言葉をかけるのもコツです。なぜなら、その人の暗い表情が、ギャラリービューを見ている他の参加者に伝染していくからです。ギャラリービューで全員の顔が見えるので、たった1人でも暗い表情の人がいると、それが伝染してしまう。周りに対する影響が大きいのです。

しかしながら、暗い表情をしていても、セミナー自体に疑問を感じて暗い表情をしているわけではありません。大半は、オンラインセミナーに慣れていないか、日常の仕事や家事で疲れているか、そのどちらかです。したがって、本人のモチベーションが上がるようにストロークをかけていると、セミナーの終盤には最高の笑顔になっている場合がほとんどです。最初は嫌そうな顔をしていた人がだんだんと笑顔になっていくのを、他の参加者も感じ取ることができます。そうして最後には、参加者全員が最高の笑顔になっているというわけです。

もちろん表情の暗い人だけではなく、参加者全員のそれぞれにふさわしいストロークをかけることも忘れてはいけません。話をしていると、表情でどの言葉に反応するかが分かりますから、その言葉のチャンクを大きく広げてストロークをかけます。たとえば「優しい」という言葉に反応したのなら、「愛情たっぷりな○○さんのその対応、素晴らしいですね」と伝えましょう。そうすると、少しずつ表情が柔らかくなっていって、セミナーの最後には最高の笑顔になっているのです。

ちなみにチャンク（chunk）とは、もともとは「かたまり」という意味ですが、認知心理学では「相手・対象・状況を認識する場合の情報単位の大きさ」という概念です。このチャンク（情報・知識のかたまり）をどんどん小さくしていき、詳細な情報を分析していく考え方のことを「チャンクダウン（chunk down）」といい、チャンクをどんどん大きくしていき、一般化（概念化）や俯瞰を進めていく考え方のことを「チャンクアップ（chunk up）」といいます。肯定的なストロークを探るときの参考にしてください。

成功法則
3
チェックインをおろそかにしない

1 最近うれしかったことが場を温める

オンラインセミナーのときに「自己紹介をお願いします」と言われると、緊張してうまく話せない人もいます。何を話そうか迷ってしまうからです。初対面のメンバーばかりだと、何を話したらいいのか余計に迷ってしまうでしょう。

最初の人がこんな状況だと、これを聞いた他の人にも緊張が伝染します。そうなると緊張感あふれる場所になってしまって、居心地が悪くて逃げ出したくなる。そういう印象を最初に与えてしまうと、オンラインセミナーは不安でいっぱいな場になってしまいます。

では、どうすればよいのか。自己紹介は大切ですが、話のテーマをその人任せにしないことです。全員共通のテーマにするのです。先ほど、簡単に名前とどこから参加しているか、仕事の3つで十分と述べましたが、「最近うれしかったこと」を加えると場が和んで温まります。うれしかったことについては、1分間くらい話してくださいと伝えておきましょう。参加者全員、それぞれに自己紹介してもらいますが、これはファシリテーションでいうチェックインというスキルです。

まず、講師がモデルとなってやってみます。ただし、仕事の成功体験を話すと講師の自慢話になって場がしらけてしまうので、できるだけプライベートの話をするといいでしょう。たとえば「昨日の休みに焼きイモをつくりました。中2の娘と高3の息子が、喜んでパクパク食べていました。妻も喜んでくれて、幸せでした。これがうれしかったことです」という話をする。そうすると、「結婚していること」、「中2の娘、高3の息子がいること」など、自分のプライベート情報を何気なく相手に伝えることができます。

このように、プライベートも入れてうれしかったことを話すと、講師とのラポールもできて距離感も近くなります。こういう見本を示しておけば、参加者も同じような方向で話をしてくれます。うれしいことを話しているときは、誰もが笑顔になっているものです。そして、聞いているほうも自然と笑顔になり、その場が心地好い場所に変わっていくのです。なお「うれしかったこと」は、毎回同じメンバーが参加していたとしても、テーマにしても問題ありません。参加する日によって、うれしかったことは違ってくるからです。

ところで、全員でうれしかったことを話す時間がないようなときは、Ｚｏｏｍのブレイクアウトルーム機能を使って、小さなグループに分けてシェアするようにします。グループのリーダーは名前の五十音順などで決めることにしておいて、全員が集まったときにリーダーに、グループ内で出てきた話の発表をしてもらいましょう。

オンラインでの安全・安心の場づくりのコツは、講師が一方的に話をしないこと。参加者が発表する機会を数多く持つことにあるのです。

2 拍手が安全・安心の場をつくる

拍手もみんなで練習しましょう。ポイントは、全員が笑顔でおこなうこと。そのためのコツは、講師自身が満面の笑顔でやって見せることなのです。

たとえば、その日の一番乗りでオンラインセミナー会場に入ってくれた人を讃えて拍手をします。「○○さんが、今日は一番早く来てくれました！ ありがとうございます。拍手！」と講師が言って、みんなで拍手をするのです。オンラインセミナーの中では、誰かが発表をしたら拍手をするというルールをつくると、安全・安心の場がつくりやすくなります。

ところで、オンラインで拍手が起こる場面でも、せっかくの拍手が画面の下で見えていないことはありませんか。音はすれども姿は見えず……では、意味がありません。身体よりも15センチくらい前の位置を意識して、画面上で見えるように笑顔で拍手するのがよいでしょう。

私のイメージは、チンパンジーのおもちゃです。セミナーでは、「シンバルを叩いているチンパンジーのおもちゃを、子どものころに一度は見たことはありませんか。あのチンパンジーを拍手の師匠にしましょう。私が思い出してやって見せますから、皆さんも一緒にやってみてください」という伝え方をしています。

そして、講師がこの拍手を実際にやって見せる。参加者はそれを見ると笑顔になってくれます。そのあとで、みんなでこの拍手をやってみると、オンラインセミナー中が笑顔と拍手であふれ、明るく元気になれるのです。

拍手についてもうひとつ。手前味噌ですが、私が創作した「トルネード拍手」というものがあります。ちなみにトルネードとは竜巻のことで、オンラインセミナーでの最高の拍手と位置づけており、セミナーの中で生まれたものです。

新型コロナ対策の活動自粛で気持ちが暗くなった皆さんを明るく元気にしたいと思っていた私でしたが、セミナーで楽しかった話やうれしかった話をしても、皆さんの心の暗い影は払えませんでした。「もっと明るさと笑顔と愛をプレゼントしたい」と思う余り、無意識のうちに私は大きく両手を回転させながら拍手をしていました。

拍手で希望と夢を与えたいという単純な思いと愛情からにじみ出た行動が、トルネード拍手だったのかもしれません。そんな思いを込めてトルネード拍手をすれば、あなたの大切な人も、きっと心からの笑顔になることでしょう。

3 歯磨き笑顔ワーク

参加者の皆さんが笑顔でいるようなオンラインセミナーだと、安心してその場にいられるでしょうし、楽しく参加することができます。しかし、笑顔の足りないオンラインセミナーが多いのも事実です。笑顔の重要性を教えるだけではなく、笑顔のつくり方も教えなければなりません。

だいたい、笑顔のつくり方など学んだこともなければ教えてもらったこともないという参加者がほとんどでしょう。普段、会社で仕事をしている最中に笑顔になる機会も少ないでしょうから、笑顔が苦手な人は多いはずなのです。それで笑顔をつくりなさいと言われても、無理です。さらにいえば「笑顔」の基準はみんなバラバラです。笑顔になっていないことが本人にはわかっておらず、最高の笑顔をしているつもりになっているという笑えないケースもあり得るのです。

私が「歯磨き笑顔」と呼んでいる、自然に笑顔をつくる技を紹介しましょう。

まず教えるのは、笑顔の基本。「手に歯ブラシを持って、〝にここ〟といいながら磨いてみてください」とお伝えしています。笑顔のポイントは「口角を上げること」と「歯を8本以上見せること」です。これを最も効果的に実現する方法が歯磨きなのです。

「歯磨き笑顔」に参加していただくと、皆さんが笑顔になります。オンラインは、参加者の皆さんが笑顔でいてくれることで、楽しくなるのです。そこからさらに、参加者が講師になって歯磨き笑顔をレクチャーすると、もう一段階盛り上がって笑顔あふれる場が出来上がります。笑顔満開になるのです。

4　OKサイン3つの方法

オンラインでは「OKサイン」のアクションも有効に使いましょう。セミナーを始めるときに、「OKサインは3つあります。このサイン、やってみると可愛いでしょ」などと言いながら紹介しておきます。

①片手の親指と人差し指でOKマークつくる

②両手の親指と人差し指でＯＫマークをつくり、それぞれを頬につける
③両手で頭の上で大きく○（まる）をつくる

「ＯＫサインをする」というアクションは、講師にＯＫサインを出していることになるので、無意識のうちに「講師はいい人だ」「ちょっと好きかも」と思ってもらえるようになるという心理的な要素もあります。ですから、ぜひたくさん使ってみてください。

講師と参加者の相互交流に欠かせないのがＯＫサインなので、最初のワークで楽しく体験してもらうと、セミナー中はＯＫサインを出してくれるようになります。

オンラインでは、マイクを通した声が聞こえているか、共有画面の資料は見えているか、ボリュームはＯＫかなどを受講者に適切に確認しましょう。このようなオンライン上のミスを防ぐためにも、ＯＫサインで確認を取ることが大事です。

5 昨日の晩御飯は何

チャットを使った楽しい場づくりのワークがあります。「昨日の晩御飯は何ですか」と問いかけて、チャットに参加者全員に書き込んでもらうのです。たとえば、「カレーです」「ハンバ

ーグです」「唐揚げです！」と書き込む人がいます。

それに対して、講師がたとえば次のように応えます。

「〇〇さんカレーですか。私は子どものころに食べた母親のカレーの味が忘れられません。家庭の味がいいですね」

このときのポイントは、「カレー」「母がつくってくれる」というキーワードを入れるところです。キーワードから、参加者の脳裏にも過去の思い出のシーンが浮かぶでしょう。具体的なシーンはそれぞれ違っていても、多くの人が幸せなシーンを思い浮かべるはずです。それを読む人も、自然と幸せな気持ちになり、笑顔や連帯感が生まれます。

同じように、「〇〇さん、ハンバーグ！　私も好きです！」「〇〇さん、唐揚げはビールと合いますよね」などと、一人ずつ名前を呼んで楽しく応えましょう。とても大切な場づくりになります。食べ物の話題は、共通の思い出がたくさんあるので、安全・安心の場づくりにつながりやすいのです。

雑談は、場づくりをする上でとても有効です。その人その人の印象に合わせて、話題を変えながら話を進めましょう。

第3章

オンライン
コミュニケーションの
成功法則～講師の心得編

成功法則 4 講師ならではの話し方がある

1 3つのスピードに気をつける

話をするときには、「自分が話をするスピード」「参加者が話を聞くスピード」「参加者が理解するスピード」の、3つのスピードを意識してください。

講師が話をするスピードは、通常の対面式のセミナーより2割くらい早いスピードが適切です。遅すぎると参加者の気持ちがその場から離れてしまい、他のことに気を取られる恐れがあるからです。

参加者が話を聞くスピードが適切かどうかは、うなずいている人が多いか少ないかなどの、表情の違いでつかむことができます。講師の話をするスピードと参加者が話を聞くスピードがちょうど合っていると、うなずきや拍手などの反応が出てきます。

しかし、講師が一所懸命に話しても、参加者の聞くスピードが追いついていないこともあります。講師はそのズレを把握して、聞くスピードに合わせて調整することが大事です。講師ひとりで早く話しすぎないように、参加者のうなずくタイミングも取るようにして、参加者がついてきているかどうか確認しましょう。

ただし遅すぎると退屈してしまい、参加者は他のことに気を取られるようになります。スマホでSNSを見ていたりするのです。

さらに、参加者の理解のスピードです。オンラインでは表情で分かることがあります。首をかしげている、真顔になっている、下を向いているなどです。このような、何かしら理解ができていないというサインを見逃さないようにして、話すスピードや声のトーンを変えるようにしましょう。画面の中で、首をかしげているなどのサインを出している人に「○○さん、ここまでのところで何か確認したいことはありませんか」などと問いかけの言葉を入れてみることも大事です。

私自身も話の理解が遅いタイプなので、よくわかるのですが、講師の話の中のたった1つの単語の意味が分からなくて、そこで思考が止まってしまうことがあります。ささいなことに引っかかって、なかなか次に進めなくなるタイプなのです。そんな人の理解のスピードも考えて、「今のところで何か疑問点はありますか?」と参加者に問いかけをするようにして、途中で立ち止まることも重要なポイントです。

2 アナウンサーの話し方よりも味のある話し方を

アナウンサーの話し方は、ほとんど記憶に残らないことをご存じでしたか？　感情を入れないように話しているため、人の記憶に残りにくいのです。つまり、話の内容を覚えてもらうためには、感情を入れて少し味のある話し方をするほうがよいということです。

感情を入れるためには、身振り手振りはもちろん、表情の喜怒哀楽も大事です。間の取り方という点でいえば、あえてタメをつくることも効果的でしょう。強調したいところは一拍おいて、ゆっくりと言うなどの工夫をして、うつむいている人も思わず顔を上げるようにもっていくのです。これが、オンラインセミナーを飽きさせないコツです。

ただし、相手がタイミングよくうなずくなど、十分に理解して聞いているような場合は、どんどんスピードに乗って、間を取らずに話したほうがよいでしょう。相手の表情に自分のペースを合わせて話すということです。

私は以前、オンラインセミナーで素晴らしい講師に出会ったことがあります。表情で相手に伝える。表情で相手に考えさせる。表情で間違いに気づかせて、自発的に参加者に考えさせる。そんな講師でした。

3 声の大きさ・抑揚・間の変化

オンラインセミナーで参加者が眠くなる残念なケース。それは、講師の声の大きさ・抑揚・間の変化がないときに起こります。歌を歌うように気持ちを込めて、声の大きさと抑揚と間に、変化を持たせてみましょう。これができているかどうかを確認するには、自分のセミナーをビデオに撮って振り返りをすること。ビデオで見ると、声に変化を持たせたほうがよい場面、間を取ったほうがよい場面などが必ず見つかるからです。

声の大きさや抑揚に変化をつけ、間の取り方を変えることで、聞いている側はどこにポイントを置いて聞けばよいのかがわかります。伝わりやすく飽きがこないという効果もあるので、お勧めしたいコツです。

さらに、感情を伝えるのに効果的なのが、アクセントをどこに置くかです。「ありがとう」の言葉だけでも、最初の「あ」にアクセントを置くのと、「と」に置くのとでは感情の伝わり方が違ってきます。「あ」に置くとフォーマルで礼儀正しい感じになりますし、「と」に置くとインフォーマルでアットホームな感じになります。

成功法則 5 講師の自己開示

1 講師としてのミッションとビジョンを明示

参加者は、「講師はどんな人なんだろう」「どんな考え方をしているのだろう」といった興味を持っています。そこで、自分の講師としての心がまえを話して、同時に感謝を伝えると、参加者は安心して講座に参加してくれるようになります。

以下に挙げるのは、いつも参加者に伝えている私の講師としての心がまえです。

「参加者への心がまえ十箇条」

一、参加者に思いやりを持つ

一、参加者に笑顔と優しいまなざしで接する

一、参加者を、かけがえのないほど大切に思う

一、参加者を応援して、応援し合う仲間をつくる

一、参加者の気持ちになる
一、参加者がうまくいかなかったとしても頑張ったことを褒める
一、参加者を明るく元気にする
一、参加者の未来に希望や夢を与える
一、参加者と一緒にいることを楽しむ
一、参加者に感謝の気持ちを持つ

講師がどんな気持ちで教えているのかが分かると、参加者は安心します。最初に参加者の気持ちをつかむことができればラポールのきっかけになるので、よい学びの場を築くことができるのです。

講師がオンラインセミナーを実施することができるのは、参加者がいるからこそです。参加者がいなければセミナーはできません。参加者がいてくれることに感謝しなければならないのです。そして、その気持ちを素直に参加者に伝えましょう。

たとえば、私は次のように感謝を伝えています。

「今日は皆さま、オンラインセミナーにおいでいただいてありがとうございます。コロナが始まって対面式の講座ができなくなりました。私も予定していた100回以上のセミナーが中

止になり、何もできない日々が続きました……。これまで16年間、毎月15回以上のセミナーをやり続けていた私が、何もできない日々を強いられたのです。１５０キロを超えるスピードボールを投げられるプロ野球のピッチャーでも、試合がないと実力を発揮しようがありません。私も、セミナーがなくなって実力発揮の場が失われていたのです。しかし、こうしてオンラインセミナーに参加してくださる皆さまがいるから、私は頑張ることができます。おいでいただいた皆さまに、心より感謝致します。ありがとうございます」

このようなメッセージを、心からの気持ちとして伝えています。

そして、自分のミッションとビジョンを参加者に伝えることも大事です。ミッションとは、自分の人生において自分が果たすべき「使命、役割」という意味です。私は「子どもたちの未来に夢と希望を与える」ことをミッションとしています。ビジョンは、「思いやりと笑顔にあふれる人たちを増やし、愛と真心と感謝の世界をつくる」です。

私のミッションとビジョンは、パワハラを受けて自宅にこもっていたときに、子どもが生まれてきてくれて、未来に夢と希望をもらえたことから生まれました。それを、自分の子どもだけではなく、他の子どもたちにもプレゼントしたいと思っています。そのためには、まず大人たちを思いやりと笑顔にあふれる人にして、愛と感謝で満ちあふれた世の中を実現したいと思っているのです。

ミッションとビジョンを伝えておかなければ、スキルを教えるだけの先生になってしまい、人間的な深みがなくなってしまいます。「何のためにこのオンラインセミナーをやっているのか」という、人生の目的を伝えることを大切にしましょう。

私は「周りの人を幸せにして、自分自身も幸せになるために生まれてきたのだと思っています。今日は皆さんを幸せにするために、この講座をおこなっています」と伝えています。ミッションとビジョンを話すことで、参加者の共感を得られ、リピートにもつながるのです。

2 自分のエピソードを話す

講師の自己開示は、参加者との距離を縮める大切な要素です。家族のことや自分の仕事のこと、過去の体験やエピソードなどを話します。自己開示をしっかりして、自分のことを話していくことで、相手に共通の価値観があることに気づいてもらうことができるのです。

家庭での出来事、家庭生活のエピソードなども、素の自分が伝わるのでお勧めです。たとえば次のような他愛もない話でよいのです。

「私の妻は出汁巻き卵が大好きです。私が仕事の合間に焼いてあげているのですが、高校生の息子も中学生の娘も美味しく食べてくれます。あるとき、私の机の上に妻からの差し入れの卵が2パック置いてありました。仕事の合間に焼いてほしいというプレゼント、というかリクエストでした」

この話からは、「結婚していること」や「子どもが2人いること」などの情報も相手に伝わります。自己開示のときは、親近感を持ってもらえるようなキーワードをちりばめて話すようにしましょう。私の場合は、これまでいろいろな仕事をしてきたので、勤務地や職種の話などもするようにしています。ここでもキーワードをちりばめていくと、共通項が見つかりやすくなり、親近感が湧くものです。

自己開示はすべて、講師と参加者の信頼関係を築くためのものです。講師の人となりを知らなければ、どんなにいい話でも、参加者は上っ面だけを聞いてしまうことになる。その講師のことを信頼して、好感を持って話を聞くことで、その話の内容の価値が上がっていくのです。講師と参加者とのよい関係の構築は、講師の自己開示から始まります。

このように自己開示は大切なのですが、親しくなるスピードは人によって違うことを十分に考慮しておかねばなりません。ほとんど初対面の人から紆余曲折の人生の自己開示をされても、どう対応していいのか分からなくなります。「聞きたくない！」と耳をふさぎたくなるかもしれません。

親しくなるには順番があります。挨拶をする、会話をする、笑顔の交換をするなどのステップを踏んでから、ようやく自己開示をする。それだと、多くの人が自然に受け入れてくれることでしょう。このようなステップを踏まずに講師が自己開示をすると、参加者から敬遠されるケースもありますので要注意です。

3　講師が話すべきこと

私の経験上、参加者に受け入れられやすいと思われる話をいくつかご紹介します。

●失敗事例

成功事例だけではなく、失敗した事例も話します。参加者は、成功事例よりも失敗事例を話してくれる講師のほうが好きなのです。私は、たとえば次のような企業研修での失敗事例を話しています。

研修中に「笑顔で話を聞くように！」と受講者を軽く叱ったことがあるのですが、真意が伝わらなくて〝パワハラ講師〟と言われたことがあります。

また、ある会社で総務の役割を基本どおりに総務の担当者に話したところ、総務部門の参加者が研修に来なくなったことがありました。

● 前職のこと

参加者は、この講師はどんな仕事をしてきたのかに興味があります。他の会社のことや、他の仕事はどんなものなのか知りたいので、以前の仕事について話すと興味深く聞いてくれます。ただしこの場合も、うまくいったことだけではなく、失敗したことも隠さず話しましょう。

私は、社会人の第一歩をイトーヨーカドーでスタートしました。私自身の失敗体験をご紹介します。

イトーヨーカドーの店舗勤務で、文具売場を担当していたときのことです。土日も交代出勤で、もちろんレジを担当することもありました。文具売場の土日のお客様は1日2000人を超えていて、お客様がレジ待ちで何人も並んでいるときに、仕入れ先の担当者がレジに入っている私に挨拶に来たのです。私は当然のように「あとにしてほしい」と伝えたのですが、まじめなというか、ちょっと険しい表情になっていたのだと思います。ちょうど女性のお客様のレジを打っていたときで、私のその表情を女性のお客様は「怒っている」と思われてしまったようです。店長宛のお客様の声カードに「文具売り場のレジの男性社員は感じが悪い」と書かれてしまいました。

イトーヨーカドーでは、お客様に向かって笑顔で「ありがとうございます」と言うのが当たり前だったのです。それができていなくて、お客様の声カードで叱られた体験は、今でも忘れることはできません。「ありがとうございます」と、声には出して言っていたのでしょうが、表情が伴っていなかったのです。感謝を伝えるときには、それにふさわしい表情でなければ相手に伝わらないという貴重な体験をしました。言葉だけではなく、笑顔の大切さも学んだ貴重な経験でした。

●故郷のこと、子ども時代の思い出

興味を持ってもらうために、自分の故郷や生い立ち、子供時代の思い出を話すことも効果的です。私は、よくこんな話をしています。

「私は九州の福岡県で生まれました。直方市で生まれて、中間市で育ちました。福岡では小学五年生まで過ごしました。だから、故郷は福岡県です。筑豊炭田のボタ山に登って遊んだ思い出があります。出張で福岡に行くと、今でも思い出すことがあります。子ども時代に使っていた方言です。分からないことがあると、「なしか」と聞いていました。普段の生活では全く使っていないのに、福岡に着いたとたんに方言が出てくるのです。そして気持ちも、まるで小

学五年生に戻ったようになります。それがとても気持ちいい感じなのです。だから、年に一度くらいは福岡に帰りたくなります」

「家族で、福岡から鹿児島の親戚のところへクルマで行ったことがあります。途中、熊本の山の上でブレーキが利かなくなり、何とかごまかしながら父親と兄が車を走らせていたことを思い出しました。私は思わず「降りる」と言いたかったけれど、運命を預けるしかありませんでした。母親が寝ていなさいというので、眠ってしまいました。今にして思うと、とても危険なことです。絶対に真似しないでくださいね。

クルマでの旅行といえば、車中泊したり、外に毛布を敷いて寝たりしたことも思い出します。鹿児島からの帰りはフェリーでしたが、初めて船に乗ってうれしかったこと、船の上から大きなクラゲを見て驚いたことなども思い出します」

●家族のこと

私は４人兄弟です。兄が2人いて、私は三男。妹が1人います。おかげで、洋服などはほとんど兄のお古でした。長兄は12歳年上だったので、まるで父親のような感じ。妹は2歳下と近かったので、一緒によく遊びました。

父は自転車店を営んでいました。家庭の事情で戦前の小学校しか出ておらず、口数も少なく、気持ちを言葉にするのが不得意な人でした。それが原因だったのかはわかりませんが、福岡の炭鉱町だった中間市で開いていた自転車店も繁盛しているとは言えない状況でした。

そんな家庭の事情もあって、私は欲しいものをねだることはいけないことだと思っていました。それでも父は、物を買い与える代わりに、トランプでよく遊んでくれたものです。たぶん、一年のうちの半分くらいは遊んでくれていた感じがします。

石炭産業が斜陽になり、炭鉱も閉山して、たくさんの人が炭鉱住宅からいなくなりました。人がいないのですから自転車店もさらに立ちいかなくなり、一家で大阪に引っ越しをします。短気な性格と口下手なのがあいまって、父は大阪では何度も仕事を変わりました。

そんな父の楽しみは、やはり小学生だった子どもたちとのトランプ遊びでした。仕事から帰ると、私と妹との3人でトランプをして遊んでいました。毎日1時間以上遊んでいたと思います。私は当時小学六年生だったので、父の苦労は分からなかったし、家族の生活を守るために嫌なことも我慢している父の姿も知らないでいました。

大人になった今だから分かります。学歴もなく、口下手な父がどんなに苦労したか……。子どもができて、父がどんなに私のことを好きだったのか、ようやく分かるようになりました。

気をつけなければならないのは、参加者への自己開示の強要は全くの逆効果になり得るということです。

4 脳の「安定化指向」と「可塑性」を考慮

私たちの脳には、「安定化指向」と「可塑性」という大きな2つの特徴があります。よく聞く事例ですが、研修やセミナーに参加した人が、その後まるで別人になったように周囲から見られることがあります。たとえば、大人しく物静かだった人が大きな声で元気よく挨拶するようになる。ところが、1週間が過ぎ2週間が過ぎたころには、元の大人しく物静かな人に戻ってしまったという類の話です。「前のままでいた方が楽だ」「無理して変えることなんかない」という意識が働くからだとされています。

その結果、研修を受けて覚醒したはずの自分、以前より価値が増したと思える自分よりも、これまで同様、価値は大したことはないけれども気楽なままの自分で十分だ、と思ってしまうのです。これが、脳の「安定化指向」と呼ばれるものです。

その一方で、脳には「可塑性」もあります。「可塑性」とは「変化しやすさ」を表す言葉ですが、この場合は「少しずつなら変えられる」と理解するのがよいでしょう。人の脳は、急激な変化には抵抗があっても、少しずつ変わることには順応性を発揮します。研修は一度きりでは効果が出ないといわれるのは、研修を受ける側にこうした脳の特徴が理解されていないからです。
苦虫を噛み潰したような表情に慣れた管理職や年配者は、いきなり「人には笑顔で接しましょう」と教わっても実行できません。ところが笑顔の実習を継続していくうちに、徐々に慣れてきて笑顔が出るようになるものです。笑顔が増えると周囲の人の接し方も変わってきます。そのうちに、笑顔でいることの価値がどうこうよりも、単純にそのほうが気持ちいいことが分かるのです。職場の人間関係が改善されれば、業務にもよい影響が出てきます。

特にオンラインでは、脳の「安定化指向」と「可塑性」という特徴を理解してセミナーをおこなうことが大事です。安定化指向を働かせないためには、やりすぎないこと。人はやりすぎだと感じると抵抗が生じて、その場から離れようとする傾向にあります。素直に行動できなくなるのです。感情をあらわにしすぎた自己開示の吐露は、お互いのラポールが十分なケースだとよいのですが、そうではない場合は相手に違和感や嫌悪感を抱かせていまいかねません。安定化指向が働かないように、可塑性を活かして少しずつ親しくなるステップを踏むことが大事です。

また、ＨＳＰ（とても繊細な人）の人たちへの配慮も忘れてはいけません。ＨＳＰ（Highly Sensitive Person）とは、生まれつき敏感で、周りからの刺激を過度に受けやすい「とても心が繊細な人」のことをいいます。アメリカの臨床心理学者エレイン・N・アーロンが1996年に提唱しました。HSPの一般的な特性である神経の細かさや高ぶりやすさは、感覚刺激に対する「繊細さ」がもとにあるといわれています。

HSPは全人口の15～20%、つまり5人に1人はHSPの傾向を持っていると考えられています。オンラインセミナーの場でも、なかなかなじめない人が2割近くはいるだろうということになります。

そういう人たちにとって、たとえばいきなり質問をして共通点を探すようなゲームなどは、苦しい時間と受け取られてしまうでしょう。そうならないよう、ソフトにゆっくりと、安全・安心な場づくりをしなければなりません。

あるセミナーでのことです。参加者同士の交流の時間がほとんどないままに、ブレイクアウトルームに分かれて参加者だけの意見の交換をすることになりました。初対面だったので何をどう話したらいいのか分からず、特にHSPの人たちは黙って聞いているしかなく、沈黙の時間が過ぎました。それが原因だったのかどうか、その講師のセミナーを再び受講する人はいませんでした。ブレイクアウトルームに分ける前に、十分に安全・安心な場づくりをしなければならなかったのです。

5　安全・安心な場づくりのために

一緒に学ぶ参加者のことを知る方法、とりわけ、これまで歩んできた人生を楽しく聞くことができる方法があります。自分史シートを使うのです。これは、生まれてから現在までの、モチベーションの高かったとき低かったときを、1枚のシートに書き表すものです。さらに、現在から未来にかけては楽しいことだけを書いていきます。そのあとで、参加者の一人ひとりがそれぞれの自分史を発表していくのです。

生まれて初めて自分の人生を振り返ったという参加者がいました。現在の自分が過去の歴史の上にあることに気づくことができたと話す人もいました。自分史シートによる自身の振り返りを体験すると、同じセミナーの参加者に対する親しみを感じられて、一気に仲間意識が生まれる効果があります。

オンラインセミナー中に歌を歌うことも効果的です。「ハイ」という返事の大切さを覚えてもらうために、「あの素晴らしいハイをもう一度」を歌っています（『あの素晴らしい愛をもう一度』の替え歌です）。

「新婚のころの夫婦は、お互いに〝ハイ〟と返事をするものですが、結婚生活が長くなると、お互いに〝ハイ〟という返事をしなくなります。新婚のころは、何か言うと〝ハイ〟と言ってくれました。ところが今は、何を言っても聞き流し、いや聞いてもいません。あのころの〝ハイ〟はどこにいったのでしょうか。それでは皆さん、〝ハイ〟という返事の大切さを思い出してくださいね。『あの素晴らしいハイをもう一度』を歌います。『あの素晴らしい愛をもう一度』の歌詞の〝愛〟を〝ハイ〟に変えて歌います」

かなり好評で、オンラインセミナーでも笑顔満開になっています。

冗談やおもしろい話でセミナーが単調にならないように工夫することも、とても大事です。私の場合は、娘や息子の話をネタにすることが多く、たとえばこんな具合です。

「うちの息子は、朝、起きられなくて高校に遅刻をすることがあります。あるときじっくりと30分間、遅刻対策の話し合いをしました。将来の夢や目標についても話してもらいました。今はまだ将来の目標が決められないそうです。大学受験の志望校も迷っています。偏差値の高い大学に行くよりも、遅刻しない、約束を守る大人になってほしい。それが父の願いだと伝えました。息子は『分かった』と答えてくれました。そして、一週間後のこと。やっぱり、ぐっすりと朝寝坊をして遅刻していました。本当に可愛い息子です」

成功法則6 オンライン後のフォロー

1 セミナー終了後にすべきこと

オンラインセミナー終了後に、参加者にお礼のメッセージを送っているでしょうか？　セミナー終了時に自動メールが送られる設定になっているケースもありますが、それだけではなく、個別にメッセージを送ると喜ばれます。

私の場合は、個別のメッセージとともに、オンラインセミナー中の笑顔写真を送っています。その参加者の、セミナー中の最高の笑顔の瞬間をスクリーンショットで撮って、送るようにしているのです。また、グループでのワークの動画も部分的に撮って送っています。楽しかったセミナーのことを思い出してくれる効果があります。

私のオンラインセミナーでは、参加者のFacebookグループをつくっています。セミナー終了後にはセミナーの感想コメントをお願いして、グループにシェアしてもらっています。セミナーが終わったあとも、「楽しいセミナーだった」ということを受講者同士で伝え合ってくれているのです。

そうすることで、さらに学びを深めた素敵な感想を書いてくれるようになります。セミナーは講師から学ぶだけではなく、参加者のコメントからも大いに学ぶことができるのです。それが体感できる「Facebook のグループは、素敵な学びの場になります。

ちなみにコメントですが、2つのポイントで書いてもらうようお願いしています。「セミナーで学んだこと」と「自分のやるべきこと」の2つです。この狙いは、セミナーの感想だけに終わらず行動に結びつけることにあります。皆さんが学んだことをたくさん書いてくれることで、それを見て他の人もさらに学びを深めていく。そして行動に結びつける宣言もするので、成果が出やすくなる効果があります。

オンラインセミナー終了後に、お礼のプレゼントを贈るケースもあります。たとえば、受講者がセミナー中に「今月は誕生日なんです」とうれしそうに発言してくれた場合は、〝褒め言葉トランプ〟や〝褒め言葉シール〟などを誕生日プレゼントとして贈っています。

それをレターパックで送っているのですが、日本国内でしたら、ほぼ2日以内に相手先に届きます。これまで何人くらいの人に贈ったのか数えてみたら、1年間で500人を超えていました。

また、無料で開催するイベントに招待するなどのプレゼントも喜ばれます。私がおこなっているイベントは、成果事例発表会、無料体験セミナーなどです。年間でのイベント計画を立てて告知するようにしています。

2 定期メルマガに登録してもらう

私は以下の3本のメルマガを書いています。

①～毎日1分間読むだけでストレス解消！～仕事もプライベートも幸せになる「褒める・認める・感謝するメールセミナー」（毎日発刊）
②幸せな企業研修講師養成藤咲塾1分間メルマガセミナー（毎週火曜日発刊）
③楽習オンラインチームビルディングメルマガ（毎週水曜日発刊）

私のオンラインセミナーの参加者には、この3本のメルマガの存在を伝えて登録をお願いしています。セミナーで私の価値観や大切にしていること、ミッションやビジョンを伝えたあとだと、メルマガの内容がより分かりやすくなると思っています。

セミナー後もメルマガを通じて情報発信していると、それを見て再受講してくれる人もいます。さらに本人が再受講するだけではなく、「よいセミナーだったから友人に紹介しました」というメッセージをくれる人もいます。

このようなつながりを続けるためにも、メルマガの登録をセミナー中にも依頼するようにしましょう。


一度でもセミナーを受けてくれた人とは、Facebook を通して友人になることも大事です。Facebook でつながって、その人の投稿があったら〝いいね〟を押す、コメントを書くなどして応援します。そして誕生日には、Facebook に誕生日のお祝いコメントを送りましょう。

私は毎日約10人に誕生日のメッセージを送っています。1年間では約3650人。これを10年間以上続けているので、延べ3万人以上にお誕生日メッセージを送っていることになります。皆さん、喜んでくれていると思います。

第4章

オンライン
コミュニケーションの
成功法則～講師のスキル編

成功法則7　参加者の会話を増やす

1　さりげなく「ひと言」を拾う

オンラインでは、講師と参加者の会話が多いほど、参加者の満足度は高くなります。できるだけ参加者に話をしてもらう機会を多く取ります。そして、発言してもらったひと言に反応して、さらに話を広げていきましょう。

相手が話してくれたことに対して、ひと言を拾うことはとても大切です。「ああ、そうですか」で終わるのではなく、共感の言葉や相手のいいところを伝えられたら、笑顔になって話を続けてくれることでしょう。

自分が言いたいことを伝えるのではなく、相手が言いたいことを問いかけることが、重要なコツです。聞きながら、さらに問いかけて話を深めていくと、相手の満足度が大きくなります。できるだけ相手の言葉を拾うようにしましょう。

2 あいづちでリズムをつくる

あいづちの入れ方次第で、相手はどんどん話をしてくれるようになります。タイミングのよいところであいづちが入るとリズミカルにコミュニケーションが進み、想像もしていなかったような話までしてしまうものです。

あいづちも、大きく4種類ありますので、以下で説明していきます。

① 同意のあいづち

あいづちの中で最も多く使われるのが、「同意」のあいづちです。相手の話を「聞いている」合図として、また、「理解した」ことを示すものとして使われるので、基本となるものです。

この種のあいづちには、次のようなものがあります。

「そうですね」
「もっともです」
「分かります」
「私もそう思います」
「そのとおり」

オンラインでは、相手が何か話をしたら、この手のあいづちをまず使うと、相手はさらに話を続けてくれるようになります。

② 話を途切らせないあいづち

話を促進させるあいづちがあります。もっと聞かせてほしいという気持ちを込めて、次のようなあいづちを使います。

「それからどうしたんですか?」

「今の話、その後どうなったんですか?」

「おもしろいですね、もっと聞かせてください」

慣れてくると、「それから?」「それで?」「たとえば?」など、短いあいづちでも相手は話してくれるようになります。オンラインセミナーでは、ゆっくりした口調で「それから?」「それで?」「たとえば?」を使うと効果があります。

③ 話し手を喜ばせる「驚きのあいづち」

参加者の話に講師が驚きのあいづちを入れると、参加者はどんどん話をしてくれます。

「え!? そんなことがあったんですか」

「ビックリしました！　本当ですか」

このような驚きのあいづちを使います。話を聞いている他の参加者もびっくりしながら聞いているので、話す人の満足度が大きくなります。

④ 人を元気にさせる「共感のあいづち」

共感のあいづちは、話し手を励まして元気にさせる役割を果たします。

「大変ですね」

「本当にそうですよね」

「うん、気持ち、分かります」

「辛かったでしょうね」

「頑張りましたね」

「私もうれしいです」

気持ちを込めて、こうしたあいづちが打てると、参加者は講師を信頼してくれるようになります。たとえば、参加者がとても苦労して頑張った話をしたとしたら、「頑張りましたね」と相手の気持ちに寄り添って伝えるのです。感動して泣く人もいるひと言になります。

3 オンラインセミナーこそミュート解除で

オンラインだとミュートのままのセミナーが多いのですが、ミュートを解除しておくと、講師が話したときの参加者の反応を聞き取ることができます。「すごい！」「そうか！」「やっぱり！」というあいづちが場を盛り上げてくれるのです。たとえば「○○さんから、そうか！のひと言が聞こえてきましたが、○○さん、もうひと言お願いします」と言うと、感激の話を聞くこともできます。

また、参加者の拍手や笑い声が聞こえると、まるで対面式の講座であるかのような状況にもなります。そのためにも、参加者がミュート解除できる状況をつくることが重要です。その意味でも参加者の人数制限が必要なのです。私の感覚では15〜16名でしょうか。それよりも数が多くなると、せっかくの参加者の反応が雑音になってしまう恐れがあるからです。

4 「会話貯金」の残高を増やす

セミナーが始まってから終わるまでの参加者の会話時間の総計が、講座の満足度に比例します。ピンとこなければ、会話を「貯金」のイメージでとらえてみてください。それがどんどん貯まっていくと、「会話貯金残高＝満足度」になるというわけです。

　そして、満足度は信頼度につながります。講師が一方的に話す知識伝達だけの講座では、相手との信頼関係は築けません。そのため、ほとんどリピーターになってもらえないのです。「このセミナーはよかった」という参加者を増やすには、「どれだけ自分が話せたか」という参加者の満足度を上げて、結果的に信頼度を高めることです。つまりは「会話貯金」の残高を増やすということなのです。

　ただし、ここでいう会話時間には、正式なスタート時間の前の雑談や休憩時間が終わってスタートする前のちょっとした時間も含まれます。ですから、早めに入ってきた人や休憩から早く戻ってきた人との会話も大切にしましょう。さらにセミナーの終了後でも、残って話をしたい人を集めて、セミナーの感想やそれとは全く関係ない質問などを受けるのも、会話貯金の残高を増やすことにつながります。

成功法則 8 「ありがとう」を多用する

1 1人3回の「ありがとう」が基本

「ありがとう」という言葉は、言われるとうれしいものですよね。ただし、これを効果的に伝えようとするには、いくつかのポイントがあります。

・始まってすぐ、お礼の「ありがとう」
・終わったときの、感謝の「ありがとう」
・途中でも、何か発表してもらったら「○○さん、ありがとうございます」

〝ありがとうセッティング〟と私は名前をつけていますが、最初、途中、最後の少なくとも3回は「ありがとう」を伝えます。それを実践すると、オンラインでもチームビルディングの土壌が出来上がります。

セミナーが始まったばかりのタイミングで特に効果的な、「ありがとう」の伝え方があります。開始から5分の間に、参加してくれている一人ひとりに「ありがとう」を伝えるのです。それもさりげなく、自然におこないます。

それには簡単な方法があります。定刻前にＺｏｏｍに参加している人には、早い時間からの参加のお礼を言うのです。「○○さん、一番早く参加ありがとうございます」「△△さん、早くからの参加ありがとうございます」といった言葉がけで、第一印象がよくなります。

この「ありがとう」が、相手に最初に好印象を持ってもらうポイントです。講師は、上から目線や威張っている印象を参加者に与えてはいけないので、そのためにも「ありがとう」を伝えることで参加者に誠実さをアピールすることができます。

そしてセミナー中も、質問して何か答えてくれたら「ありがとう」で応えるようにします。それも名前を呼んで「○○さん、ありがとうございます」と、伝えることが大事です。

さらにセミナーの最後には、参加者がセミナーの感想を述べる時間を取ります。そしてその感想の発表後に、「○○さん、ありがとうございます」と一人ひとりに伝えましょう。

参加者には平等に「ありがとう」を伝えることを意識したいものです。もしも「ありがとう」を言う機会を逸してしまった場合は、あえて簡単なことをしていただいてお礼を言いましょう。たとえば、「○○さん、私の声は聞こえていますか」と問いかけて、反応をしてくれたときに「○

○さん、ありがとうございます」と伝えます。もの静かで、質問や問いかけなどに自分から答えないような人に対しては、簡単な問いかけをして反応してもらうようにします。そうすることで、その人も参加した気持ちになれて、満足度が高まるのです。たとえば、歯磨き笑顔体操では、最初は笑顔がよくて活発そうな人にやってもらい、次にもの静かな人にやってもらって、「○○さん、ありがとうございます」と伝えるのもよい方法です。

「ありがとう」が場を和やかにしてくれます。講師が率先して言っていると、参加者同士も「ありがとう」が含まれた会話をするようになります。安全・安心な場づくりに参加者も加わってくれるのです。

2 「ありがとうW」を使うと場が明るくなる

人に対して「ありがとう」と感謝を伝えるべきなのは誰もが分かっています。しかし、いつの間にか、言うほうも言われるほうも当たり前のように感じてしまい、「ありがとう」が感情のない上っ面だけの「ありがとう」になってしまいがちです。それでは相手に感動も何も与えられません。

そのマンネリ感を解決するのが、「ありがとうW」です。「ありがとう」の言葉と、「ありがとう」の気持ちを入れた言葉をつけ加えて伝えるのです。「ありがとうＷ」を自然と使えるチームであれば、チームメンバーが明るく元気になっていきます。チームメンバーのやる気を引き出し、取引先や他部門のメンバーから応援されるチームに成長することができます。「ありがとうＷ」の具体例は次のようなものです。


「ありがとうございます。さすがです！」

「ありがとうございます。感謝します」

「ありがとうございます。勉強になります」

「ありがとうございます。助かりました」

「ありがとうございます。うれしいです」

「ありがとうございます。楽しかったです」

「ありがとうございます。感激しました」


他にも、「いつも、ありがとうございます」「ありがとうございます。○○さんのおかげです」「ありがとうございます。尊敬しています」「ありがとうございます。美味しかったです」「ありがとうございます。これまでのセミナーの中で一番楽しかったです」といったものもあります。いずれにせよ、リピートされているセミナーでは、講師や参加者がありがとうWを上手に使っていると思います。

オンラインセミナーで、講師がモデルとなって参加者の何名かにありがとうWで感謝を伝えてみましょう。「○○さん、今日は最高の歯磨き笑顔の講師をありがとうございます。おかげさまでみんなの笑顔がさらに素敵になりました」「○○さん、いつも素晴らしいセミナーの感想をありがとうございます。本当にうれしいです！」

そのあとで、ブレイクアウトルームでチームをつくって、ありがとうWの練習をしてもらいます。ありがとうWで、お互いの心のツボが満たされる体験ができるでしょう。

3　3つの感謝

感謝にも大きく3つあります。

① 何かをしてもらって「ありがとう」

② 当たり前のことにも「ありがとう」

③ 困難や問題にも「ありがとう」

①は、誰もが口にしていることです。しかし大人であれば、これだけでは十分とはいえません。これは、もらってばかりの「ありがとう」だからです。「ありがとう」を言われる人になりましょう。

②を聞くと、ハッと気づく人もいるでしょう。当たり前のことには感謝の気持ちが湧いてこないので、通常は「ありがとう」とは言わない場合が多い。しかしコロナ禍の、当たり前が当たり前ではない状況に置かれると、これまで当たり前と思っていたことに感謝の気持ちが湧いてきたと思いませんか？

これを機会に、当たり前のハードルを下げてみるのはどうでしょうか。当たり前のことが当たり前にできなくなった今なら、この意味を理解し、実践できると思います。当たり前のことに価値があることに気づいたはずです。

たとえば、この本を読んでいる瞬間が幸せなのかもしれません。今日の一日が幸せなのかもしれません。もっといえば、息をしていること、水が飲めること、ご飯が食べられることが幸せなのです。そして、家族がいること、友人がいることも幸せなのです。

当たり前のことにも「ありがとう」と言えるなら、「生きていることそのものを楽しむ」気持ちになれるでしょう。だとしたら、それこそが最高の幸せなのです。

③の「ありがとう」が言える人は、成長できる人です。困難や問題に立ち向かい、どんな不

利な状況やどんなピンチでも、それをチャンスに変えられる人が成長できる人なのです。

成功した人であっても、ほとんどの人は大ピンチを経験しているはずです。そして、困難や問題は自分を鍛えてくれる試練だと思って、それを乗り越えてきたからこそ成功があるのではないでしょうか。今日から皆さんも、何か困難や問題があったら、まず「ありがとう」と言ってみませんか？　きっと解決策が見つかるはずです。今、コロナ禍の中でも頑張っている人がたくさんいます。自分の力で困難に立ち向かっているのです。

4 ある食堂の話

私はオンラインセミナーで、よくこんな話をします。

「その食堂は約20年間、ただで食事を食べさせてくれました。希望すれば朝食も食べさせてくれました。仕事や友人関係で悩みがあると、相談にも乗ってくれました。病気になると、病院に無理やりでも連れていってくれて、治療費も出してくれました。本を買うお金がないことが分かると、そのお金も出してくれました。学費で困っていることを察して、学費も出してくれました。友達と遊ぶお金がないと言うと、お小遣いまでくれました。

どうですか。こんな食堂があったら最高の感謝をするんじゃないかな。神様のように感じると思う。身近にそんな食堂があったことに気づかないかな……？　それは親です。ご両親には感謝してきましたか。それを言葉で伝えたことがありますか。どんなことも当たり前と思って生きてきたんじゃないですか。感謝の反対は〝当たり前〟。

母の日、父の日、誕生日、いくらでもチャンスはあるのだから感謝を伝えましょう。ちゃんと伝えないと、相手には感謝の気持ちは分かってもらえない。特に父親は、子どもから一度も『ありがとう』を言われないまま死んでいくケースが多いのですよ」

この話の後で、全員に感想を聞いています。

「親孝行をしようと思った」「親に『ありがとう』を言っていなかった」「亡くなった父に『ありがとう』を言えばよかった」と、そんな感想が聞かれます。「ありがとう」を言うのが恥ずかしいという人もいますけれど、この実習のあと、すぐに「ありがとう」を伝えてくれたそうです。

たった今、伝えないと伝える機会を逃すケースはたくさんあります。多くの人が、いつも目の前にいる人は永遠にいるものだと勘違いをしています。だから「ありがとう」を伝えることはいつでもできるし、今は恥ずかしいからと避ける傾向があります。しかし、機会を逃して後悔する人はとても多いのです。

私の社員研修の参加者の話です。その人の祖母が骨折で入院していたので、退院してから「ありがとう」を伝えようと思っていたそうです。仕事も忙しく、気恥ずかしかったこともあって、病院にお見舞いには行かなかった。ところが、その祖母が急に亡くなったのです。時間をつくってお見舞いに行って、感謝を伝えようと思えばできたのに、そうしなかったことを今でも後悔しているそうです。

また、父親を交通事故で亡くした参加者の話です。その1カ月前の企業研修で感謝の大切さ、両親に感謝の気持ちを伝えることを教わっていました。いつまでも大切な人がそばにいると思ってはいけないことも聞いていました。この参加者は研修後、すぐに父親に「ありがとう」を伝えたそうです。生まれて初めて、父親を褒めて、感謝の言葉を伝えたのです。

それが、父親が交通事故に遭う直前でした。交通事故による肉親の死を前にして本人の気持ちの整理がつかないことは想像に難くないですが、感謝の言葉を一度でも生前に伝えられたことは一片の救いになったことでしょう。私も、その協力ができてよかったと感じています。

5 「ありがとう」を言えない人

人間関係の問題が発生しているチームの研修をしたことがあります。意外だったのですが、かけられて一番うれしい言葉は「ありがとう」だと答えた人は、全体の8割以上に上りました。

何をしても当たり前のこととして「ありがとう」を言われないので、ひと言の「ありがとう」が欲しいのだそうです。会社では「仕事だから当たり前」と思われているので、「ありがとう」を言う習慣がなくなっているのです。世話してもらった先輩社員に、後輩たちが「ありがとう」を言うこともなければ、所用を引き受けてくれた部下に上司が「ありがとう」を言うこともありません。当たり前どころか、何かをしても「もっとこうしてほしい」と指導を受けたりする。他の人に、よかれと思って問題となりそうなことを伝えたら、「ありがとう」ではなく、「批判しないでほしい」と文句を言われるケースもあります。

そんな殺伐としたチームを変えるのは「ありがとう」の言葉しかないといっても過言ではありません。

「ありがとう」の言葉があふれるチームだと、会社を辞める人がいなくなります。「ありがとう」の言葉を言うチームにするためには、〝感謝神経〟を磨くしかないのです。反射神経ならぬ〝感謝神経〟というものがあります。いつも磨いていないと錆びついてしまいます。思うだけではなく、日々練習して磨いておかないといけないものなのです。

オンラインで「ありがとう」と口にしていながら相手に伝わっていないとしたら、それは感情がこもっていないからです。心に感謝の気持ちを持って、それを表情に出して相手とアイコンタクトを取ることが大事です。

オンラインでは感情を伝えることができないと勘違いをしている人が多いのですが、オンラインでも十分にできます。「ありがとう」の練習をすればできるようになるのです。

その方法は、まず講師が〝気持ちを込めない「ありがとう」〟を実演してみせます。そのあとに、〝気持ちを込めた「ありがとう」〟を実際に言ってみせるのです。それにならって参加者は一人ずつ、気持ちを込めた「ありがとう」を言う練習をします。講師が実際にやってみせることで、オンラインでの感情表現の度合いが向上していきます。

ある会社でアンケートを取ったことがあります。職場の上司に褒めてほしい、認めてほしいという回答が多かったのはもちろんでしょうが、上司からかけられて一番うれしい言葉というのは、やはり「ありがとう」でした。

ところが人間関係の問題が発生しているこの会社では、「ありがとう」がなかったのです。その原因は、何をしてもらっても当たり前だと思っていること、そして、何かをしてもらわない限り「ありがとう」という必要はないと思っていること。その2つです。

本当は、何もしてもらわなくても「ありがとう」と言うことはできます。また言うべきなのですが、多くの人は何かをしてもらわないと「ありがとう」と言えないのです。

その人のよいところを褒めて、存在そのものに感謝することができる「褒めるありがとう」

のワークがあります。やり方は簡単で、まず〝褒め言葉〟を言って、続けて「ありがとう」を伝えるだけです。いくつか例を挙げてみます。

「すごいです。本当に勉強になります。ありがとうございます」

「やっぱり予想どおりです！　素晴らしい学びと気づきをありがとうございます。感謝します」

「素晴らしい講義をありがとうございます。あっという間に一日が終わって、心のツボも満たされて、パワーがあふれだしています。感謝します」

「いつも本当にありがとうございます。外で絶対に泣かないと決めている私が、ボロボロと泣いてしまいました。先生とのご縁に感謝です」

オンラインセミナーでは、ブレイクアウトルームをつくって、褒めるありがとう練習をしましょう。ブレイクアウトルームでは次のような会話を意識します。

「○○さんの話はとても素晴らしくて勉強になりました。分かりやすくて私の未来を明るくしてくれました。ありがとうございます。感謝します」

「○○さん、司会進行が上手で優しい声に癒されました。いつも、ありがとうございます」

「○○さんの笑顔が素敵で、セミナーに出るのが楽しみになっています。会うと心のツボがいつも満たされています。ありがとうございます」

「褒めてくれる○○さんに、いつも元気をもらえました。応援うれしいです。ありがとうございます」

6 感謝が自己重要感を高める

幸せに生きている人は、親にも感謝している親孝行な人がほとんどです。親に感謝できる人は自己肯定感が高い。自分をこの世に生み出してくれた親に感謝することは、自分が生まれてきたことにも感謝できることに他ならないからです。

オンラインセミナーでこのような「褒めるありがとう」を実践することには、大きな意義があります。相手を褒める・認める・感謝する習慣が無意識に身につくからです。「褒めるありがとう」が身につくと、自己肯定感も向上します。そして、自分が職場や家族から多くの愛情を受けていると気づくことができます。そこから、今の自分があるのは周りの人たちのおかげだと感謝する気持ちが芽生えてきます。自分を支えてくれている人たちへの感謝の気持ちは、仕事を頑張ろうというやる気にもつながるのです。
ある会社の社長が、人にとってうれしいこととして４つ挙げています。
①人から愛されること、②人から褒められること、③人の役に立つこと、④人から必要とされること、です。「褒めるありがとう」を言える人は、これらの全部を相手に伝えることができるのです。

成功法則 9 アナログな方法も時には使う

1 手書きの図を使う

画用紙に図を書いて、カメラに映して見せることもあります。アナログですが即効性があります。持ち運べるサイズのホワイトボードに図を書いて見せるのも同様です。

このように、その場ですぐに簡単にできる方法も、時には有効です。ただし、画用紙を使う場合は、カメラを通すと線が見えづらくなるので、太めのマジック等でしっかりと描くようにします。

参加者に図を書いてもらうケースもあります。付箋に描いてもらって、それを、カメラ越しを通して見せ合いをします。たとえば「棒の上に丸を描いてください」と指示をします。出来上がった図を見比べると、多くの気づきがあるものです。

2 小道具を使う

カラーボールと下敷きで「色眼鏡ワーク」ができます。オンラインセミナーならではのワークです。「人を色眼鏡で見てはいけない」と諭された経験があると思いますが、それを体感することができるワークです。用意するものは赤い下敷きと色のついたボール。いずれも１００円ショップでも購入できます。

講師はカメラに向かって、赤い下敷き越しになるようにしてカラーボールを見せます。そして何色に見えるかを聞いていくのです。当然、もとの色とは違って見えています。赤い下敷きを取ると、想像もしていない色だったので参加者は驚きの表情を見せます。

こんな単純なことですが、人を色眼鏡で見ていると、その人を正しく見ていないのだということに気づいてもらえるのです。

たとえば、会った瞬間に「この人はこんな人だ」と決めつける人がいます。それは自分自身の色眼鏡でその人を見ているのです。それでは、1年間くらいのつき合いで「こんな人だな」と決めつけているケースはどうでしょう。人を理解するのに1年間では短すぎると、私は思っています。

相手を知るには、自分自身がどんな色眼鏡を持っているのかを知っておかなくてはなりません。自分自身がどんな価値観や信念を持っているかを知った上で相手を見ることが大事なのです。自分自身の価値観や信念を十分に把握できていないままに、中途半端な判断(つまり色眼鏡)で相手を見るような人は対人関係がうまくいきません。

成功法則10　遠近感を活用する

1 カメラ映りを意識した動き

オンラインでは「動作を大きくする」のは鉄則です。カメラを通すと、実際の動きよりも目立たなくなってしまうからです。以下、重要な動きについて検証してみましょう。

●うなずくときは3センチ前に出る

たとえばうなずくときにも、顔を3センチ前に出す。そうすると、画面では顔が大きく映るのでとても効果的な動作になります。

オンラインセミナーでは、このような画像での表現も大切なのです。遠近感をうまく使うと、相手の言葉に大きくうなずいていることが伝わりやすくなります。講師が前のめりで自分の発言を肯定してくれていることが分かるので、参加者はとてもうれしい気持ちになるのです。

● 拍手は顔より15センチ前で

拍手をするとき、拍手しているその手は画面に見えているでしょうか？　また、拍手する手で自分の顔を隠していませんか？

拍手をするときは顔を隠さないように、15センチほど手を前に出して拍手をしましょう。笑顔と同時に拍手する手も見えている必要があります。実際に拍手の音を出すことも忘れないように。

● 「そのとおり」のポーズは指をカメラに近づける

参加者が何かを話して、それがほぼ正解の答えだったら、満面の笑みで「そのとおり！」と応えましょう。そのときのポーズがあります。人差し指を上に向けてカメラに向かって「そのとおり！」と、やや高めの声で応えるのです。参加者が一瞬でファンになってくれるポーズです。

2 笑顔は画面の50％以上にする。

講師の笑顔は、参加者にはうれしいものです。講師や会議の進行者の笑顔は、それだけで参加者の意見を引き出しやすくします。

たとえば、意見の出ない会議は、司会進行役の表情が暗かったり怖かったりすることが原因であると、私は断言してもよいと思います。「顔がパワハラ」という表現を私は使っていますが、怖くて意見が言えないのです。特に会社のオンライン会議になると、怖がっておびえている参加者や、怒られないように意見を言わないでおこうという参加者がいるのです。会議の司会進行役は、自ら笑顔を見せなければなりません。

オンラインセミナーの講師であれば、最もチェックしなければいけないのは自分の表情です。笑顔があるかどうかなのです。ここぞというときには、自分が映っている画面を占領するくらいの笑顔を見せましょう。ここでも「動作を大きくする」というオンラインの鉄則は生きてきます。相手に意思を伝えるときに感情が見えるようにすると、相手もつられて動作を大きくしてくれるようになるでしょう。

つまり、オンラインセミナーがうまくいかない原因として、講師自身に表情がないことや明るくないことなどが挙げられるということなのです。そういう講師の場合、リピートもないはずです。

セミナー中に「参加者の笑顔がないなぁ」と感じたとしたら、それは講師自身の笑顔がないからです。鏡の法則です。講師ができていないと参加者もできません。笑顔あふれる安全・安心な場ができないのです。参加者は「講師の10分の1だけやってくれるもの」と思っておいてください。逆を言うと、やってほしければ講師が参加者の10倍やればいいだけのことなのです。

講師や会議の司会進行役が笑顔になると、自然と安全・安心な場ができて、参加者が意見を言いやすくなります。オンラインセミナーの講師が笑顔の表情を見せるようにすると、参加者も笑顔になり、楽しくセミナーに参加してくれるようになります。すると、セミナーの満足度が高まって、リピート率が高まるのです。

成功法則 11 傾聴が安全・安心の場をつくる

1 傾聴が場づくりの基本

オンラインセミナーでは、不機嫌な表情のまま、うなずきもあいづちもなく話を聞いている人がいます。それだけならまだよいほうで、あくびをしている人、背伸びをしている人もいます。ときどき気になるのか、スマホでメールやＳＮＳの確認をしています。セミナーとは関係のない仕事のメールをしている人もいます。席を立ってコーヒーを淹れている人もいます。

そういう態度がどれほど相手を不機嫌にするか分かっていないのです。それを理解するために、悪い話の聞き方のロールプレイングをすると、自分の話の聞き方のつたなさに気づくことができます。

●悪い話の聞き方体験①

2人ずつペアになります。話し手と聞き手に分かれて、たとえば話し手は「最近うれしかったこと」について話していきます。そのとき、聞き手には以下のような前提を踏まえてもらいます。

「あなたにはネガティブな思い込みがあります。相手の話を聞いても仕方がない。相手はアドバイスをする価値のない人だ。相手は嫌なタイプの人だ」

これらを言葉と態度で表現すること、そして、次の言葉を話し手に伝えるように指示します。

「そんな、どうでもいいことを考えていたのですか」

「つまらない考えですね」

「おもしろくないですね」

聞くときの態度は、視線を合わせず、ときどきため息をつきます。聞き手にとって、話し手のことは話など聞く必要のない人だとムリにでも思い込むようにします。もちろん、現実の話し手はそんな人ではありませんが、本気で取り組むことが重要です。聞く時間は15秒です。終わったら、話し手と聞き手で振り返りをします。

● 悪い話の聞き方体験②

2人ずつペアになります。話し手と聞き手に分かれて、たとえば話し手は「最近うれしかったこと」ついて話していきます。聞き手には、以下のような前提を踏まえてもらいます。

「私たちの日常生活の中では、仕事や家事をしながら相手の話を聞くような状況がないとはいえません。ちょうど、あなたは今、仕事や家事でとても忙しいのです。もしくは大変に疲れています。相手の話すことなど聞いている暇（余裕）はありません。あなたはしぶしぶ、仕方なく、事務的に相手の話を聞いています」

これらを言葉と態度で表現すること、そして、次の言葉を話し手に伝えるように指示します。

「手短にお願いいたします」

「忙しいんです」

「つまらない考えですね」

「分かったから、それで、結論は」

聞くときの態度は、忙しい中、事務的に聞いてやっているという態度を取ります。しかめ面でメモを取ったり、スケジュールを書いたり、時計を見たりします。話し手を見ないで、他の人を見ています。忙しくて時間がないとムリにでも思い込むようにして、本気で取り組むことが重要です。聞く時間は15秒です。終わったら、話し手と聞き手で振り返りをします。

この2つ実習を経験すると、次に挙げる「よい話の聞き方」が理解しやすくなるでしょう。

●よい話の聞き方体験

よい話の聞き方には基本があります。笑顔で聞くこと、アイコンタクトをすること、うなずくこと、あいづちを打つこと、そして、繰り返しの言葉を言うことです。

繰り返しの言葉は、たとえば相手が「寒いですね」と言ったら「寒いですね」と同じ言葉で繰り返すことです。こういう聞き方をすると、相手は話しやすくなります。

また、相手が考えていて言葉が出てこないときは、質問やアドバイスをしてはいけません。相手の話を盗らないで、ゆったりと待つようにします。一所懸命に考えている時間を大切にしてあげること。それがよい聞き手の基本なのです。

この実習は、お互いに1分間ずつ、交代でおこないましょう。

悪い話の聞き方とよい話の聞き方のロールプレイングが終わったら、参加者全員で振り返りの発表をします。それぞれの気づきの発表をすることで、話の聞き方の改善をする動機づけになります。

コラム

傾聴テクニック〜バックトラッキング〜

相手の話を聞くとき、あいづちで相手の言葉をそのまま返すことを「バックトラッキング」といいます。相手の言葉を文字どおりオウム返しに繰り返すことで、相手は自分の考えや気持ちをあらためて確認することができます。すると、相手は自分の考えや気持ちを整理することができ、さらに話しやすくなるのです。

相手の気持ちをもっと聞きたいときなどに試してみてください。

2 うなずきで聞く

話を聞くときに「どのようにうなずいているか？」は、よい話の聞き方の中でも、特に重要です。本人はうなずいているつもりでも、うなずきもあいづちも全くなしで話を聞いている人がいます。心と頭ではうなずいているつもりなのですが、実際には顔を動かしたり表情豊かにうなずいたりはしていないのです。心と頭でうなずいているだけでは、「しっかりと聞いています」という姿勢は相手に伝わりません。

うなずきとは、相手にわかるように反応を返すことです。顔を縦に振れば同意、横に振れば拒絶、斜めに倒せば疑問と、うなずき方で自分の気持ちを伝えることもできるのです。さらに、声を出して表情豊かにうなずくことができると、あいづちに進化します。もちろん表情は笑顔で、オンラインのときのうなずきは、少なくとも10センチ以上あごを上下させ、身体全体で相手に「聞いていますよ！」というメッセージを返していきます。

オンラインでも、講師が率先して10センチ以上あごを上下させたうなずきをやって見せましょう。その後、参加者全員でやってみます。思っている以上に上下させないと分かりにくいんだと、気づくことができます。

成功法則12 ソーシャルスタイル理論を使う

1 ソーシャルスタイル理論

オンライン講座や会議で実践的に使える、ソーシャルスタイル理論というものがあります。これは1968年に、アメリカの産業心理学者であるデビッド・メリルによって提唱されたコミュニケーション理論です。この理論では、人の言動のタイプを4つに分類し、他人から観察できる各々のタイプが示すコミュニケーションパターン（行動傾向）をソーシャルスタイルと呼んでいます。

もちろん人のタイプは単純に4つに分けられるものではありませんが、私たちは誰でも、他人と接するときに「自己主張（意見）」と「感情表現」の2つをベースにした特徴的な行動パターンを取ります。この2つの強弱の度合いを組み合わせることで、4つに類型化されたソーシャルスタイルが導き出されるのです（図1）。

以下に、４つのタイプのそれぞれの特徴を説明しておきます。

① エクスプレッシブ（Expressive）

このタイプは、自分の意見を主張し、感情も率直に表す人です。

　喜怒哀楽のどの感情も抑制せずに周りに伝えます。衝動的になることもあり、行動的で力強く、その存在を主張しようとします。自分がどのように感じているかを他人に話したがり、いつも率先して他人と交際しようとするので、しばしば他人に影響を与えます。

　そのため攻撃的に見られることもあります。しかし、他人にはいつも気さくな態度で接するので、人の感情に敏感で

図1

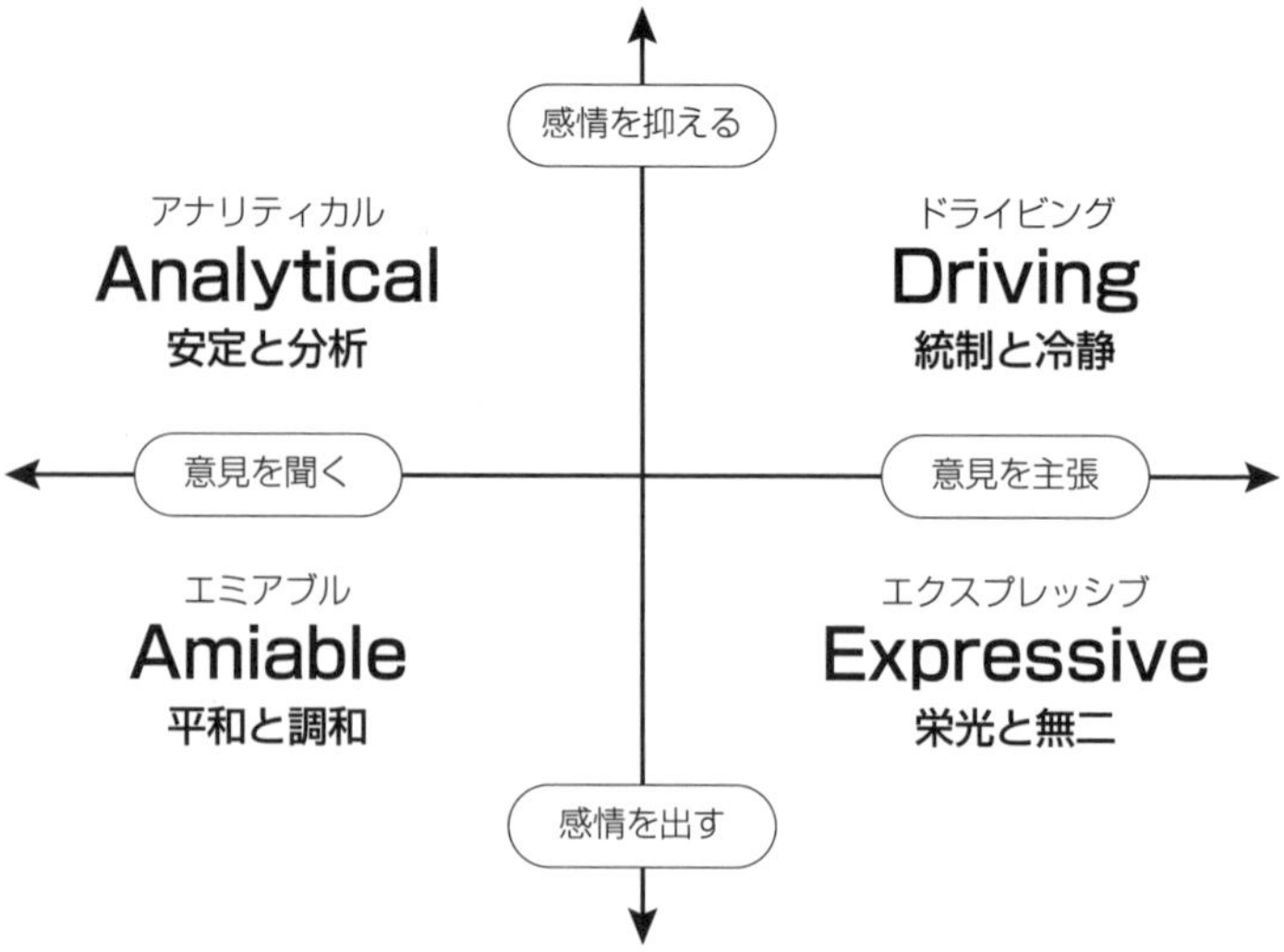

同調的に見られます。こうした態度から、人間関係には寛大で情に厚いと思われることもあります。陽気で明るく、行動的な面を持っているといえます。

②ドライビング（Driving）

このタイプは、意思的な行動と感情の抑制が結びついた人です。

活動的で力強く、時として攻撃的とも見られます。相手に対して積極的に働きかけ、目の前の達成すべき目標にエネルギーを集中させます。何でも「すぐやろう」と性急に物事を進める傾向もあり、自分が望むように素早く物事が進まないとイライラしてしまいます。

自己主張が強いので、他人の考えや意見を批判的に受け止める傾向があります。しかし感情を抑えることもできるので、周りからは、冷静で用心深く、超然としているようにも見られます。

形式的で、意思決定では論理を重視する傾向があるので、周囲とはまじめかつビジネスライクにつき合う傾向にあります。

③アナリティカル（Analytical）

このタイプは、自己主張が控えめで感情も抑え気味の態度を取る人です。

人に強く働きかけたりせず、事実を集め、データを検討して慎重に考える傾向があります。人に対して攻撃的にはならず、命令したり従わせたりすることを避けようとします。自分の考えをあまり人に明らかにせず、他人に意見もせず、自分の世界を守るために必要がない限り人と交わらないこともあります。用心深く慎重で、物事を進めるときは十分に計画を練る傾向があります。

感情を抑えがちなので、冷静で、時によそよそしく、超然としていると見られます。そのため人間関係は形式的で几帳面、堅苦しいと思われがちです。論理的に考える傾向が強くて慎重なので、批判的に見られることもあります。

④ エミアブル（Amiable）

このタイプの人は、感情を率直に示すが自分の考えを伝えることには控え目で、周囲に対して愛想がよく協力的に見えます。

形式張らずに、周りとすぐに打ち解け、物事にあくせくしません。他人の感情に同調しやすく、友好的に振る舞い、個人的な親しい関係をつくることに興味を持ちます。率直に感情を表すので愉快な人と思われることもあります。しかし人の感情に同調するあまり、効率や結果に対する関心が低いと見られることもあります。

気さくで気配りがあり、人間関係を大切にします。人の意見にも耳を傾け、人のアイデアや態度を支持しようとします。また、権力を振るったり人に指示したりという行為は避ける傾向があり、自分の意見を押しつけません。むしろ、意思決定に他人を参加させようとし、他人への気遣いを見せます。

2　相手のタイプを見極めて対応する

オンラインで相手のタイプを見極めるときにも、ソーシャルスタイル理論で考えれば簡単です。「自己主張（意見）」と「感情表現」の2つの尺度を、最初の挨拶のときの「声の力強さ（自己主張）」と「笑顔（感情表現）」の2つに置き換えるのです。これでオンラインセミナーの参加者を次の4類型に分けることができます。

①声が力強くて笑顔なのがエクスプレッシブ
②声が力強くて笑顔がないのがドライビング
③声が弱くて淡々と話し、笑顔がないのがアナリティカル
④声は弱いが感情を入れて話し、笑顔なのがエミアブル

なかには2つのタイプの境界線にいる人もいます。その人は両方の特徴を持っていると解釈してください。そして、前述の４つのタイプの特徴で確認すれば、相手の性格や思考パターンが分かるので、それに応じてオンライン中にかける言葉を変えるのです。

安全・安心の場づくりをするには、最初にエクスプレッシブタイプを見つけましょう。初対面なのに、元気よく笑顔で挨拶をしてくれる人です。その人には、講師も明るく元気よく挨拶を返すのです。

次にエミアブルタイプを見つけて、思いやりのある言葉をかけていきましょう。このタイプの人は、自分から意見を言うことはほとんどありませんが、微笑みながらうなずいてくれるので、安全・安心の場には欠かせないタイプです。この2つのタイプは、笑顔がよい人たちです。

ドライビングとアナリティカルは、オンラインセミナーではほとんど笑顔がありません。機嫌が悪いのではなく、習慣なのです。講師が注意すべきことは、この2つのタイプには笑顔や拍手の強要をしてはいけないということ。本当に不機嫌になってしまいます。たとえ笑顔ワークをやってみても、あまりよい笑顔にはなりませんが、やってくれたことだけでも感謝しましょう。

以下、４つのタイプ別の褒め方と質問方法を挙げておきます。

●褒め方

①エクスプレッシブ

褒められるのなら何でも歓迎とばかりに、素直に喜んでくれます。褒めて伸ばすという言葉が一番似合っているのがこのタイプです。少々大げさなくらいの褒め言葉がぴったりです。たとえば次のような言い方です。

「すごいです」「さすがですね！」「素晴らしいエピソードにびっくりしました！」

②ドライビング

講師の主観で褒めると、その意図を疑われるケースがあります。評価としての褒め言葉ではなく、事実をシンプルに伝えるほうが効果的です。周囲にどんな好影響があったのかを客観的に指摘しましょう。たとえば――。

「○○さんの発言のおかげで、学びの深いオンラインセミナーになりました。ありがとうございます」

③アナリティカル

能力を具体的に褒めるのがコツです。ただし注意すべきなのは、正確かつ具体的に褒めないといけないこと。「すごい！」「天才！」といった褒め方だと、「バカにしないでください！」「この程度で褒めないでください！」と、逆に反発されてしまうこともあります。

また、褒められてもほとんどうれしそうな表情をしませんが、内心はモチベーションを上げているので、褒めるのをやめてはいけません。たとえば――。

「細かい分析能力が素晴らしいですね。発言ありがとうございます」

④ エミアブル

セミナー中のその人の貢献で、いかに助かっているかを伝えましょう。「すごい！」と褒めるよりも、「ありがとう」「助かる」と、その人の貢献がいかに役立っているかを、アイメッセージや、ウイメッセージで伝えると効果的です。たとえば――。

「私が話しているときにうなずいていただいてありがとうございます。おかげさまで私はとても話しやすかったです」「私たちは○○さんがとても優しい笑顔で話を聞いてくれたので、とても楽しいセミナーを体験することができました」

● 質問方法

① エクスプレッシブ

1つ質問をしたら、うなずきやあいづちを入れて大げさにリアクションしながら聞くことです。たとえ話題がそれていったとしても、自由にどんどん話をさせることが大事です。「それで？　それで？」「もっと聞かせてください」と合いの手をいれるようにすると、どんどん話を続けてくれます。もちろん本人の満足度も高まります。

② ドライビング

質問してはいけません。質問されることを嫌います。質問する人にコントロールされる感じがするからです。教えていただく形で聞くのがよいでしょう。たとえば――。

「このテーマについて、○○さんのご意見を教えていただければと思います」

③ アナリティカル

範囲を狭めた具体的な事実を尋ねましょう。返答を急がせないこと。たとえば――。

「3分後に全員で発表するので、○○のメリットとデメリットについてご意見を聞かせてください。箇条書きにして2つずつくらいお願いいたします」

④ エミアブル

まず、気づかいを示してから質問します。たとえば――。

「お仕事大変ななか、今日はご参加ありがとうございます。お時間がなかなか取れなかったかもしれませんが、〇〇の件についてのお考えをお聞かせいただければ助かります」

成功法則13 安心フレーズを繰り返す

誰もが使う言葉なのですが、安全・安心な場をつくることに自然につながる言葉がいくつかあります。以下に紹介していきます。

①「行ってらっしゃい」「お帰りなさい」

ブレイクアウトルームに分かれて話し合いをしてもらうときに、「行ってらっしゃい」のひと言を添えましょう。

「はい、ではこれからブレイクアウトルームで、〇〇のテーマで自由に意見を話し合っていただきます。行ってらっしゃい！」

そして、戻ってきたら「お帰りなさい！」と言って笑顔で迎えましょう。ブレイクアウトルームのたびに「行ってらっしゃい」と「お帰りなさい」を繰り返していると、アットホームなよい雰囲気をつくることができます。心理学的にはアンカーの役割を果たしてくれるのです。

アンカーとは、特定の感情や反応を引き起こす刺激のことを指します。たとえば、よく聞いていた音楽を聞くと、聞いていた当時の感情がよみがえるというのもアンカーの効果です。「行ってらっしゃい」「お帰りなさい」の場合は、本来的には家族から言ってもらう言葉なので、この言葉を家族から言われたシーンを思い起こすなどして、思わずほっこりとした気持ちになれるということです。

②「安心してください」

ワークなどの説明をすると、自分にもできるかなと不安な表情をしている人がいます。その際には、「安心してください」を使いましょう。

「安心してください。どんなことでも最初は慣れないものですが、何度もやれば慣れてきます。今日は体験するだけでよいので、うまくやろうと思う必要はありません。安心してくださいね」

③「大丈夫です」

分かっていないことを説明する優しさは、とても大切な要素です。しかし、優しさにはもうひとつあります。それは、説明しない優しさです。詳細な説明をされると、自分ができないことがたくさん見つかってしまい、さらに頭の中が混乱する人もいるのです。そのような人には、説明しないのも優しさになるということです。

講師は参加者よりも体験が豊富なので、つい「それはこういうことです」と説明したくなります。しかし、むしろ説明しないで体験させてあげることのほうが大切なのです。〝過ぎたるはなお及ばざるがごとし〟という諺もあります。

ではどうすればよいのか。「大丈夫です」と言ってあげましょう。「やっていくうちに分かるようになりますから」と言ってあげることが大事なのです。

④「ピンポーン♪」

セミナーの場を楽しくするために、擬音を使う演出をすると効果があります。たとえば、問題を出して正解が出たら「ピンポーン♪」と声に出すのです。そして大正解したら、指を1本前に出して「ピポピポピンポーン♪、そのとおり！」と言うのです。とても楽しい雰囲気を出すことができます。

また、決めのスライドを見せるときには「ジャーン！」という効果音を使って見せると、スライドに受講者の視線を集中させることができます。

⑤「おまかせください」

オンラインの操作やセミナー中のワークの進行に不安になって、表情が緊張してくる参加者がいます。そのような人には、「一歩ずつやればいいので、私におまかせくださいね」と伝えてあげましょう。

⑥「失敗してもいいんですよ」

何かチャレンジしてうまくいかないことがあったとしても、「失敗してもいいんですよ」と軽く笑顔で伝えましょう。

オンラインのセミナーや会議などでは、ちょっとボタンを押し間違えてＺｏｏｍ会場から退席をしてしまう人もいます。そういう人が再度、入り直して戻ってきた際には「お帰りなさい、失敗してもいいんですよ。オンラインではよくあることですから」と伝えてあげましょう。

⑦「覚えなくてもいいんですよ」

オンラインセミナー中に、真剣な顔でメモを取ってばかりいる人がいます。そのような人には「覚えなくてもいいんですよ」と伝えてあげます。オンラインセミナーは、真剣に受講しすぎると集中力が持続しません。その結果、肝心なポイントを聞き逃したりします。

それに、覚えることを目的としたオンラインセミナーの受講は決して楽しくありません。気楽に受けていただければよいので、「覚えなくてもいいんですよ」と伝えてあげるようにします。

⑧「またお会いしましょう」

オンラインセミナーが終わったときに、参加者に手を振りながら言う言葉は「またお会いしましょう」がよいと思います。「これで終わりです。さようなら」は使わないようにします。どちらのほうのリピート率が高くなるかというと、もちろん「またお会いしましょう」なのです。こんな締めの言葉でどうでしょう。

「楽しい時間だったから、アッという間に終わりましたね。次回もお会いできることを楽しみにしています。またお会いしましょう」

成功法則 14

ひと言の魔法を使う

1 タイミングよく「ひと言」感想をもらう

まずは、休憩に入る前の〝ひと言〟を大切にしましょう。参加者の感想を〝ひと言〟、しっかりと聞くということです。私は休憩前に必ず「これまでのところで、何か感じたことはありますか？」と、全員に聞くようにしています。そうやってひと言もらうだけで、表情では感情が分かりにくかった人の気持ちや考えも、しっかりと分かるようになるのです。

オンラインでは「相手の気持ちが分からない」という人の多くは、感情を理解するための問いかけ、つまり「今、何を感じていますか？」「今、どんな気持ちですか」という問いかけをしていないのではないでしょうか。タイミングとしては、休憩に入る前をお勧めします。

たとえば、「5分後に休憩に入りますが、今、感じていることをひと言お願いします」と、休憩の予告を入れてから聞くようにします。なぜなら、休憩に入る直前はリラックスムードになり、心もゆったりするタイミングなので、話がしやすくなるからです。休憩直前であることを事前に予告しておくことで、「もし動揺してしまったとしても、休憩に入ったときに心を落ち着かせることができる」という安心感を、相手に与えることもできます。

また、ひとつのテーマが終わったところで「何か質問や疑問点などありませんか」と確認し、ひと言もらうようにしましょう。こういう確認は参加者に喜ばれます。

そして、大きなテーマが終わったときに、あらためて気持ちを聞くことも大切です。感情が動かされたという表情をしている人がいたら、その人に「今、何を感じていますか?」と聞いてみましょう。できれば2～3人に聞くようにしてください。その人たちだけではなく、感想を聞いた他の参加者の学びも大きいものになります。

オンラインセミナーでは、講師が話したことがすべてだと思いがちです。しかし、他の参加者の考えを理解することも、とても重要です。感想を何人かに聞くことで、他の人はどう思っているのか、何を感じていたのかを確認することができます。だからこそ、テーマごとあるいは大きなテーマの区切りごとに参加者に確認し、ひと言もらうことがとても大事になるのです。

たとえ感じたことがあっても、言葉にしないと記憶には残りません。どんなによいセミナーだったとしても、参加者の感想を聞く時間を設けなければ、学びが薄く満足度の低いセミナーになってしまいます。

加えて、気持ちや感想を参加者みんなでシェアするたびに、話してくれたお礼も含めて「今の感想はとても素晴らしいですね」などの、相手にプラスの言葉をかけることも忘れないようにしましょう。こういうひと言も、参加者にとってうれしいものです。思いやりのひと言を、言葉で伝えてあげることも大事です。

2 チェックアウトで感想を全員に話してもらう

チェックインは、セミナーへ参加する際に、場になじむために最初にひと言話してもらうものでした。一方チェックアウトは、セミナーの最後に、1人ひと言ずつ感想や気づきを話してもらうものです。

チェックアウトをオンラインセミナーで実践している講師は少ないのですが、これがないとオンラインの価値が半減してしまうのです。オンラインセミナーのリピートが欲しいという人は、チェックアウトを実施して、一人ひとりの感情に寄り添ったひと言を伝えるようにしましょう。

チェックアウトを成功させる方法は、まず、ブレイクアウトルームをつくって数人で話をしてもらうこと。講師不在の、話しやすい場所で話してもらうのが大事なポイントです。グループでのチェックアウトが終わってから、全員でのチェックアウトに移行する方式にすることで、素直な感想を全員の前で話してもらうことが容易になるのです。

もちろん講師もそれを聞くことができるので、講師自身も気づいていないようなセミナーのよさを話してもらえるケースもあります。そして、それを他の人も聞いているわけですから、参加者全員のオンラインセミナー受講の満足度も高まるのです。

セミナーでの学びには、講師からのものと参加者からのものの2つがあります。なかでも、参加者からの学びに重点を置くことを忘れてはいけません。しかし、時間がないとチェックアウトを省きがちになります。途中のタイムスケジュールをうまく調整して、必ずやると決めておきましょう。チェックアウトをするとしないとでは、参加者の満足度に大きな差が出るのです。

企業研修のときなどは、参加者の感想の部分だけの録画を研修の責任者に送ると、とても喜ばれます。参加者が研修の成果をしっかりと述べてくれているので、何よりも分かりやすい成果報告になるでしょう。

第5章

オンライン
コミュニケーションの
成功法則～参加者編

成功法則15　好きなことを話してもらう

1　どちらが好きかを話してもらう

オンラインの場づくりで、とても簡単で効果的なワークがあります。テーマを決めて「どちらが好きか」を聞いていくのです。

参加者には、どちらが好きかを明らかにしてから、その理由を説明することが大切だと伝えておきます。

たとえば「海と山」がテーマだとすると、海と山のどちらが好きかを明らかにした後に、参加者は一人ずつ理由を話していきます。他の参加者は、それぞれの人の海や山を好きな理由が分かることで、共感を覚えたり、ちょっと違和感を覚えたりします。そこで、同じような考え方をしているなとか、そういう考え方もあるのかなどと、相手に対する親しみや関心が出てくるというわけです。そして、何気ない発言の中に、その人の人柄を知る手がかりがあったりもします。

その他、たとえば「いなかと都会」「肉料理と魚料理」「一軒家とマンション」「野球とサッカー」「うどんとそば」などのテーマが考えられます。参加人数が多い場合は、5人ずつくらいのブレイクアウトルームに分かれて話し合ってもらいます。グループのひとりに司会進行も任せるようにします。

テーマを変えて繰り返すと、参加者は話をするのに慣れてきます。そして、好きなことを話しているときの表情は笑顔になっています。その笑顔が周りにも伝染していくのです。そうすると、話している人は、その場の人たちが笑顔で聞いてくれているので、受け入れられている自分を感じることができます。話す人、聞く人の両方とも笑顔あふれる上機嫌な場になっていくのです。

このワークでは、何を大切にしているのかという、お互いの価値観を知ることができます。お互いの価値観を知って、自分とは違う価値観でも認め合うことが安全・安心の場づくりの土台になります。

このとき、自分の価値観だけで相手のよし悪しを判断しないことが重要です。理由を聞くとなるほどと感じるケースも多く、お互いの気心が分かったという意見も出てきます。そして、お互いの共通点も見つけることができるので親しみが湧いてくるのです。

たとえば「いなかと都会」をテーマにすると、それぞれの故郷の話が出てくることが多いのですが、そのおかげで、相手の育った環境を何気なく知ることができるのです。話を聞いて北海道出身の人だと分かったら、「北海道って、食べ物が美味しいですよね」と、その場で伝えることができます。そのような会話が安全・安心の場をつくってくれるのです。

人前で話すことが苦手な人は少なからずいます。自由に話をしていいと言われても、何を話せばよいのか分からない。雑談が苦手なのです。聞いている人にどう思われるか不安で、否定されたらどうしようと心配している。だから話をする機会があっても避けたい気持ちが強いのです。そんな人でも、「どちらが好きか」だったら話をすることができます。

オンライン会議でも、会議の本題に入る前にこのワークをおこなうことをお勧めします。最初によい場ができるので、いつもと違って活発な意見が出てくるケースがほとんどです。

2 好きなこと・趣味を話してもらう

人は、自分の話を聞いてもらうと満足します。オンラインセミナーでも同じです。そのテーマが好きなことだったらなおさらです。

そこで、それぞれの趣味を話してもらいましょう。スポーツ、ゲーム、旅行、映画など、話してもらうと同じような趣味や好きなものの共通点が見つかり、お互いが親しくなれます。ある受講者が映画好きだというので、どんな映画か聞いたところ、『バック・トゥ・ザ・フューチャー』と答えてくれました。すると、参加者の大半が好きな映画だったので、一気に笑顔が満開になりました。

　好きな芸能人について話すのも、同様に楽しい場づくり貢献してくれます。男性女性を問わず、好きな芸能人のことを話しているときは、最高の笑顔になっています。聞いている人も笑顔です。同じ芸能人が好きという場合も意外と多くて、仲間意識が生まれます。ある男性が〝綾瀬はるかさん〟が好きだと話すと、大半の人がうなずいていました。仲間意識ができた感じです。その男性は名前を出しただけで笑顔になっていましたし、〝綾瀬はるかさん〟の素敵な笑顔を思い出したのか、自分自身も笑顔になっていました。その笑顔が周りに伝染していったのはいうまでもありません。

　また、可能であればですが、男女ペアにして「どんな人と結婚したいか」と聞くのも、笑顔があふれるテーマです。独身者だけではなく既婚者も楽しそうに話しています。まるで高校生のころに戻った気持ちになるようです。1人3分ずつ合計6分の予定がアッという間に終わり、話し足りないペアが出てくることもしばしばです。

成功法則16 安全・安心な場づくりのワーク

ここでは、実践的ですぐに使えるワークを説明します。このワークをおこなうだけでも、参加者が楽しくオンラインセミナーを受講してくれて、安全・安心な場をつくることができるというものです。

① 腕組みワーク

「腕組みをしてください」と伝えて、どちらの腕が上になっているかを確認してもらいます。次に、上になっている腕と下になっている腕を逆にして腕組みをしてもらいます。左右の腕を組み替えることに違和感を覚えるはずです。

受講者の中には、腕を逆にしようとしてクルクル回してみるものの、腕組みができないでいる人もいます。習慣が働いて、自動的に慣れたほうの腕を上にしてしまうのです。人は習慣で動いているものだ、ということが実感できるワークです。

●腕組み実習の進め方

「腕組み実習を始めます。私が『はい』と言ったら、腕組みをしてください。はい！」

（全員が腕組みをしているのを画面で確認する）

「ありがとうございます。どちらの腕が上か、覚えておいてください。今度は腕を逆にして腕組みをします。今、上にある腕を下にするのです。私が『はい』と言ったらお願いします。では、はい！」

（全員が逆に腕組みをしているのを確認する。その中で、ぎこちない人を指名する）

「〇〇さん、何かぎこちない感じですけれど、どんな感じですか」

――「何か違和感があります」

「どうしてだと思いますか」

――「普段、やっていないからですかね」

「そうですよね。普段やっていることは、ひと言で何といいますか」

――「えーと、習慣ですか？」

「ピンポーン！　そうです。習慣です。人は習慣で動いているんだ、ということが皆さん分かると思います。今日、ずっと話してきた笑顔もうなずきも、あいづちもアイコンタクトも、全部習慣なんです。オンラインでの話の聞き方も、今日のセミナーが反映されて習慣になるといいですね」

このような問いかけをしながら、ワークを進めていきます。

②悪い拍手とよい拍手のワーク

オンラインで安全・安心の場をつくる方法はたくさんありますが、簡単ですぐに効果が表れる方法が拍手です。その拍手の大切さを教える簡単なワークがあります。

講師は参加者の一人ひとりに「悪い拍手とは、どんな拍手ですか」と聞いていきます。すると、「音がしない拍手」「笑顔のない拍手」「相手を見ていない拍手」「嫌そうな表情での拍手」「気持ちが入っていない拍手」などの答えが返ってきます。

そのあとに、参加者のひとりを選んで、その人に向かって最悪の拍手をチームメンバー全員でおこないます。最悪の拍手をされた人の顔を全員で確認してみると、その人は暗い表情になっているはずです。

次に「よい拍手とは、どんな拍手ですか」と聞いていきます。すると、「笑顔の拍手」「大きな音の拍手」「アイコンタクトのある拍手」「心のこもった拍手」などの答えが返ってきます。そのよい拍手を、先ほどと同じ人に向かっておこないます。

そして、両方の拍手を受ける体験をした人に、感想を話してもらいます。「最悪の拍手のときは、この場から去りたい気持ちになった。悲しかったです。よい拍手を受けたら、拍手だけで気持ちが明るく元気になりました」といった感想が出てくるはずです。

拍手をして讃えると相手が喜ぶことは分かっています。しかし、その拍手が弱くて笑顔がないと逆効果なのです。悪い拍手とよい拍手を同時に体験できるワークなので、今までの自分の拍手が間違っていたことに気づくことができます。拍手は、ただすればいいものではなく、笑顔や相手を心から讃えようという気持ちも大切だと気づくこともできます。

たとえば、誰かを表彰するときに、拍手が弱いと盛り上がりに欠けるのです。オンラインでも、最高の拍手でチームのみんなからの笑顔のプレゼントがあると、とてもうれしい気持ちになります。

●拍手実習の進め方

「悪い拍手とは、どんな拍手ですか」

（これを順番に聞いていく。そして、体験者をひとり選ぶ）

「はい、では、その悪い拍手をこれから、○○さんに体験してもらいましょう。私は元気よく司会進行をします。私に乗せられないで悪い拍手をおこなってくださいね。では、今日最高に素晴らしい○○さんに拍手をお願いします」

（全員が悪い拍手をする）

「○○さん、どんな気持ちですか」

（○○さんに気持ちを聞く）

「今度はよい拍手を聞いていきます。よい拍手とは、どんな拍手ですか」

（全員に聞いていく）

「では、そのよい拍手を○○さんにお願いします。今度は私に乗せられてくださいね。最高に素晴らしい○○さんに拍手！」

（全員が○○さんによい拍手をする。今の気持ちを○○さんに聞く）

③「私は誰だろう」クイズ

次の詩をオンラインの参加者に見せて、「私は誰」と、クイズ形式で聞いていきます。

＊

『私は誰』

私はいつもあなたのそばにいる。

一番頼りになる助け手でもあれば、あなたが背負う最大の重荷でもある。

成功の後押しもすれば、足を引っ張って失敗にも導く。

私はあなたの命令次第で動く。
あなたのすることを私に任せてくれれば、
私は素早く正確に片付けてしまう。

私の扱いは簡単。
しっかり指示すれば、それでいい。
どのようにしてほしいのかを明確に示してくれれば、
少しの練習のあとで自動的にそのことをこなす。
私は全ての偉人の下僕であり、
そして残念ながら、すべての失敗者の下僕でもある。

偉大な人が偉大になったのは私のおかげ。
失敗した人がしくじったのも私のせい。
私は機械ではないが、機械のように正確に、
そして知性あふれる人間のように賢く働く。
利益になるように私を使うこともできるが、

破綻をきたすように使うこともできる。

私にとってそれはどちらでもよい。
私を利用して訓練し、しっかりと指示してくれれば、
世界をあなたの足もとに届けてあげよう。
しかし、私を甘く見れば、あなたを滅ぼすだろう。

私は誰だろうか？

（作者不詳）

＊

参加者に聞くと、複数の答えが出てきます。
答えは習慣です。腕組みのワークは習慣に気づくためのワークです。そして、拍手のワークもよい拍手の習慣を持つことを教えるためのワークです。
オンラインセミナーを効果的に受講するためには、一人ひとりのよい習慣づくりをしなければなりません。よい習慣を持つ人たちが集まれば、安全・安心の場が自動的につくられていくのです。

成功法則17 簡単に、すぐにチームビルディングができるオンラインワーク

1 幸せを感じられる質問

オンラインセミナーの場を明るく楽しいものにしたければ、その第一歩は「好きなこと」をテーマにして明るく楽しく話をしてもらうことです。典型的な質問例を2つ紹介します。

①「幸せを感じる食べ物は何?」

参加者に幸せを感じる食べ物をイメージしてもらいます。1つだけにしてもらって、いっせいにオンライン上で全員が大きな声でその食べ物の名前を言います。そのあとに一人ずつ順番に理由も含めて発表してもらいます。

「焼肉です。なんといっても元気が出るからです」「寿司です。ウニが好きなので」「ケーキです。甘いものが好きだからです」「炊き立てのごはんです。炊き立てのごはんがあれば幸せです」「シュークリームです。シュークリームの食べ放題を体験したいくらいです」など、バ

ラエティに富んだ発表をしてくれます。

ところが、「幸せとは何ですか」と聞くと、とたんに難しくなります。ほとんどの人は、何が幸せなのかを具体的に考えていないからです。具体的ではないものをイメージすることはできません。だから、幸せをイメージすることは難しいのです。

しかし、幸せを感じる食べ物をイメージすると、食べ物はイメージできるので、それを食べたときのシーンまでイメージできます。さらには、幸せの感情を思い出すこともできるのです。

このとき、人は幸せな表情と言動になっているものです。それを見ている他の参加者も、幸せな表情になっています。幸せを感じる食べ物の話は、参加者をあっという間に幸せな気持ちにしてくれます。

② 「子どものころに好きだった遊びは何？」

子どものころの話も鉄板ですが、なかでも「子どものころに好きだった遊び」について発表してもらうと、気持ちは子ども時代に戻って笑顔で話してくれます。気持ちだけではなく、表情も子どものころのようになっている人もいるほどです。

ある会社では、三角ベースの話をする人がいました。ゴム飛びの話をする人。缶蹴りの話をする人。ファミコンの話をする人もいました。

それらの遊びの話を聞いて、他の参加者もその遊びをしたことを思い出していたようです。共通の遊びをした体験があると、一気に心の距離が近くなります。そのあとのセミナーでの話が弾む効果があるのです。

前にも述べましたが、長い間忘れていたのに、ある言葉を聞いたときに一瞬で思い出すことがあります。この、記憶を呼び起こすきっかけになるのが「アンカー」です。子ども時代に好きだった遊びを思い出すことで、それが引きがねとなって気持ちが子ども時代に戻り、当時の記憶までよみがえるのです。

コラム

アンカーについて

私はビートルズが好きです。ＢＧＭでビートルズが流れてくると、中学生時代を思い出してとてもなつかしく、当時の感情までよみがえってきます。また、生まれは福岡県なので、たとえば新幹線に乗って博多駅に着くと、その場所の匂いや温度を感じて、ずっと忘れていた九州弁が口をついて出てきます。こういった「きっかけ」になるのがアンカーです。

アンカーを意図的に使いこなすと、自分の状態を変えることができます。

2 早口言葉ワーク

歯磨き笑顔体操をやっても、表情筋が硬くて笑顔になれない人がいます。そんなときは早口言葉を練習すると、表情筋を軟らかくしてくれる効果があります。

やり方は簡単です。「生麦、生米、生卵」「赤巻紙、青巻紙、黄巻紙」などの早口言葉を、早口で3回連続で言うのです。オンラインセミナーでは練習の時間を30秒ほど取って、順番に言っていきます。表情筋が軟らかくなり、笑顔の表情がよくなる効果があります。

早口言葉で失敗しても、それを見ている参加者は心からの楽しい笑顔になることができます。失敗したこともお互いに笑い合えるような、安全・安心な場をつくりながら、参加者の仲間意識を強くする効果もあります。

第6章

こんなときどうする？
ケーススタディ

第1節 無表情な人、顔が怖い人をどうする？

1 「無表情」と「怖い顔」

無表情な人によくありがちなのは、自分では気づいていないというケースです。そのため、まず無表情の原因を教えてあげることが重要です。もともと無表情で生活しているため、そのようになりやすいのかもしれません。

特に士業の人たちに無表情が多い傾向があります。職業柄、普段からまじめに話をする習慣があることや、喜怒哀楽の感情を抑えながら話さないといけないことで無表情になってしまいやすいのです。

オンラインで無表情の人は、決して不機嫌なわけではなく、表情のつくり方を知らないのだと考えておきましょう。そのことを理解して、しっかりと自然な表情が出せるよう、笑顔のワークや拍手のワークを丁寧に伝えることが大事です。

また、無表情は相手にどう思われるのか、無表情な顔からはどのような印象を受けるのかを知ってもらうことも効果的です。たとえば、男性全員に無表情な顔をしてもらいます。もちろん講師がやってみせてもいいのですが、そうすることで「無表情な顔は、怖い、近寄りがたいと思われる」ということを、画面越しに感じてもらうのです。もし参加者に女性がいたら、感想を正直に言ってもらいましょう。

これは、体感することがとても大事なので、私は必ずオンラインセミナーで実施するようにしています。

では、まじめな顔がよいのかというと、そうではありません。まじめな顔は、相手を怖がらせる「怖い顔」と同じ。そのことに気づいていない人は多いのです。パワハラの原因にもなっていることを忘れてはいけません。

まじめな顔がどう見えるのか、実際に体感して、しっかり気づいてもらうようにしましょう。会社の上司・管理職のほとんどは、まじめに一生懸命に仕事をしています。しかしながら、一般社員から見たら怖いのです。そばに行きたくない、というのが本音です。でも、上司ご本人は優しいつもり、表情も笑顔にあふれているつもりなのです。上司というのは欠点や問題点をつかみ出すのが仕事なので、しかめっ面になっていることがどうしても多くなるのです。自分の表情がどうなっているのか、リアルでも意識したいものです。

そのためにも、オンラインセミナーでは「まじめな顔」の体験をしてもらっています。Ｚｏｏｍをギャラリービューにして、受講者のひとりにまじめな顔をしてもらいます。他の人はビデオをオフにして、演技者だけを見るようにします。そうやって、まじめな顔を見た感想を挙げてもらうと、「怒っている」「嫌な顔」「無表情」などの言葉が返ってくるのです。

人数が多い場合は、男性全員にまじめな顔をしてもらって、女性全員にはビデオをオフにして男性の表情をよく見てもらいましょう。そして、女性全員にどんな気持ちか聞いてみます。「怖い！」「話しかけにくい！」と即答してくれることでしょう。

オンラインで話を聞いているときは、どうしてもまじめな顔になりがちなので、相手に不快感を与えているかもしれないと気づくことができます。ギャラリービューで怖い顔をしている他の参加者を見たら、そのセミナーを受講するのが嫌になるでしょう。このような体験をすると、オンラインでの笑顔の大切さが分かるのです。体験を通して気づきが得られるので、効果は大きいと思います。

●「まじめな顔」実習の進め方

「では、『まじめな顔』実習をおこないます。女性の皆さん、ビデオをオフにしてください。男性の皆さんは私の指示どおりに、まじめな顔をしてください。約10秒間です。心の中もまじめにお願いします。では、どうぞ」

（男性全員がまじめな顔をしている）

「さらに2倍のまじめな顔をお願いします。まじめな気持ちも2倍でお願いします」

（10秒たったら、終了を告げる）

「はい、終了です。女性の皆さん、ビデオオフのままでよいので感想をお願いします。○○さん、いかがですか」

（女性全員に聞いていくと、「怖い」「話しかけにくい」「そばに行きたくない」などの感想が返ってくる）

「はい、では女性の皆さん、ビデオの顔出しをお願いします。怖いとか怒っているとか、そんな感想が出てきましたけれど、男性は本当にまじめな顔をしていただけなんですよ。男性の皆さん、そうですよね」

（男性に確認する。全員がうなずいている）

この実習で、オンラインの「まじめな顔」は怒っている顔と同じだと体感できます。男性女性を問わず、「無表情」も含めてオンラインでの表情には気をつけなければならないことが、腑に落ちて理解できるのです。

2 「無反応体験」で参加者は大きく変わる

ここで、オンラインセミナーの受講の雰囲気が劇的に変化する、とっておきのワークをお伝えしましょう。

セミナー中に参加者が無反応だと講師がどれだけ寂しい思いをするか、参加者は知りません。そこを理解してもらうためのオンラインワークです。

参加者のひとりが自分のうれしかった体験などを話し、それを聞いている人が無反応な対応をします。スマホを見る、あくびをする、立ち上がるなど、話している人にも内容にも無反応という状況をつくって、10秒間体験してもらいます。そうすると、「オンラインでは、反応がないとこんなにも話ができなくなるんだ」ということに初めて気づくことができるのです。

このあともう一度、同じ人にうれしかった体験を話してもらいます。今度は、笑顔やうなずき、拍手などで反応してもらいます。そして話した人に感想を聞きます。もうお分かりのとおり「先ほどと違って話しやすかった。楽しい気持ちになった」といった感想を聞くことができます。

このワークを体験すると相手の心の痛みが分かり、「うなずいてあげよう」「笑顔になろう」と、受け取り方が大きく変わります。私はこのワークを、連続セミナーや企業研修の場合には必ず取り入れています。

●無反応体験ワークの進め方

「今から無反応の体験をしましょう。ひとりの方が、うれしかったことを話します。他の人は無視していてください。笑顔なし、うなずきもあいづちも拍手もなし。アイコンタクトもしない。たまに画面を見るだけにしてください。10秒間おこないます」

（10秒間話してもらう）

「いかがでしょうか。話した方はどんな気持ちですか。そして他の方は、画面の自分や他の人の表情を見て何を感じましたか」

（話した人に聞いてみる。つらい、話しができないと答えてくれる）

「では、今度は、笑顔、うなずき、あいづち、アイコンタクトをしてください。拍手もOKです。テーマは同じく、うれしかったことです。では、お願いします」

（10秒間、話してもらう）

「話してくれた○○さん、先ほどとの違いはありますか」

（感想を○○さんに話してもらう。話しやすい、楽しかった、うれしくなったと答えてくれる）

3 「メラビアンの法則」の真意を踏まえて

「メラビアンの法則」という言葉を聞いたことはあるでしょうか？　アメリカの心理学者アルバート・メラビアンが、「人は、コミュニケーションの際にどのような情報に基づいて印象を判断するのか」について実験した結果をまとめて提唱した概念です。

人と人とが直接顔を合わせてコミュニケーションを取るには、3つの要素（言語情報・聴覚情報・視覚情報）があります。メラビアンは、その3つがそれぞれどの程度の影響を与えるかを実験しました。

たとえば、「好き」「嫌い」「どちらでもない」という表情の写真を用意し、それぞれの表情と矛盾する言葉と組み合わせて被験者に見せます。「ありがとう」という言葉であれば、怒っている顔の写真や不機嫌な口調の録音とセットにして聞かせるといった方法です。これで、被験者が本来の言葉の意味どおり、好意的に感じれば言葉自体の影響力が強いことになる。逆に「嫌だな」と感じれば視覚や聴覚から得た情報が優先されたことになるというわけです。

このように、聞き手が3つの要素と矛盾するメッセージを受け取ったとき、どこからの情報を重要視するかを調べたのです。「好意や反感などの感情を伝えるコミュニケーション」という特定の状況下において、言語情報と聴覚情報と視覚情報が矛盾した場合、相手が重視するのは「言語情報：メッセージの内容」が7％、「聴覚情報：声のトーンや口調」が38％、「視覚情報：ボディランゲージや見た目」が55％だったそうです。

ただし注意すべきは、この数字だけを切り取って言語情報に価値がないとしてしまうことです。「不一致のとき」という前提条件があるものなので、「非言語コミュニケーションが何より大切だ」という結論では決してありません。

言葉でどれだけ「楽しい」と言っていても、表情や態度がつまらなそうであれば、「楽しい」という言葉よりも「つまらなそう」という表情、見た目のほうが強く伝わってしまうということなのです。

以上を踏まえて、私はセミナーで次のようなワークを実施しています。表情、声のトーン、言葉の不一致を体験してもらうためのものです。

笑顔で、声のトーンも柔らかく「バカ」と言ってもらいます。笑顔だと、たとえ「バカ」と悪口を言われても、逆にうれしくなるケースがほとんどです。不一致のときに一番伝わるのは表情なのです。

もちろん逆もあります。どんなに相手を褒めたとしても、無表情では褒めたことが伝わりません。「おはようございます」の挨拶も同様です。元気よく挨拶するのは大事ですが、無表情では相手に伝わらない。リアルでももちろんなのですが、顔がアップになるオンラインでは、ことさらに表情が大切なのです。

●「メラビアンの法則」不一致体験の進め方

「○○さん、今から△△さんに挨拶をします。『おはようございます』と言ってください。ただし、表情は不機嫌な表情、声は暗くて低い声です。私が『はい』と言ったら、3回連続で言ってみてください。では、はい！」

（○○さんが「おはようございます」を言う）

「○○さん、今度は△△さんに3回連続で『バカ』と言ってください。表情は最高の笑顔で、声は優しい声でお願いします。私が『はい』と言ったら始めてください。では、はい！」

（○○さんが「バカ」と言う）

「△△さん、どんな気持ちですか。先ほどの挨拶と比べてどうですか」

（△△さんの話を聞く。「おはようございます」と言われてもうれしくなかった。「バカ」と言われてもうれしかったという答えが返ってくる）

第2節 全員が能動的に参加するためにはどうする？

1 主催側に回ってもらう

全員が能動的に参加するための一番簡単な方法は、「私の声は聞こえますか？ 聞こえる人はOKサインをお願いします」と言って、リアクションをもらうことです。

このような補助スタッフ的な役割をしてもらえるように、何度も適切なタイミングで声をかけます。あえて繰り返すようにしていくと、積極的にOKサインを出してくれる人が増えていきます。これが、スタッフとしての役割を演じているということです。

さらに、参加者を講師にしてしまう方法があります。これには、よい学びの場ができるという効果もあるのです。

簡単なワークでよいので、講師がやって見せたあとに、参加者に講師として実演してもらいます。たとえば、歯磨き笑顔ワークのような簡単なものですね。講師がやって見せたすぐあとに、参加者のひとりをアシスタント講師に任命して、実演してもらいます。笑顔がいいなと思った人に「〇〇さん、歯磨き笑顔を講師としてやってみてください」と、その場で主催側の役割をお願いしてみましょう。

同様に他の参加者にもアシスタント講師をやってもらうと、場の雰囲気がガラッと変わります。ちょっとしたハプニングのような感じで、参加者の皆さんの目がキラキラと輝いてきます。そして、指名されたほとんどの人が、上手にアシスタントをやってくれるものです。

任務完了の暁には、私は最大限の感謝の気持ちを込めて、大きな声で「合格」と言いながら両手で丸のポーズをしています。参加者にアシスタントを務めてもらうことで、お互いが学び合うという場になっていきます。受け身の参加者だったのが、一緒にセミナーをつくるスタッフにまでなってくれるのです。

ところで、アシスタントに指名されたほとんどの人が、なぜ上手にワークできるのでしょうか。答えは簡単、そういう人を選んでいるからです。最初にセミナーに入ってきたときの雑談、何気ない笑顔などで、その人の持っているポテンシャルが分かります。笑顔の素敵な人、対人関係力の高い人を選ぶのがコツなのです。

可能な限りみんながアシスタント体験できるように、なるべく多くの参加者に振り当てていますが、なかでも最初の人がポイントです。最初の人がうまくできたら、その成功体験を見て

「私もできる」と思って、他の人も自然にアシスタントをやってくれます。講師側からすれば、大事なのは参加者の中で一番ポテンシャルの高い人を、最初に指名することです。

2 参加者と話す機会&時間を多く取る

参加者1人あたりの話す機会と時間の多さは、オンラインセミナーの満足度と比例しています。参加者の話す時間が長くなるということは、講師がひとりで頑張りすぎないようにするということと同義なのです。

（講師と参加者の）相互交流型セミナーと謳いながら、講師が参加者に質問をするだけのセミナーがありますが、会話をしなければ本末転倒です。もちろん偏らないように、参加者一人ひとりとまんべんなく会話をする必要はあります。そのためには名簿を作成しておいて、その名簿をチェックしながら会話や問いかけをするのがコツです。

その際、やっておくべき下準備があります。その人のことを知る時間を取ることです。今日はどんな人が来てくれるのか、参加者名簿を見ながら一人ひとりに思いを寄せることが大事です。事前に参加者名簿を見て、その人となりを把握しておかないと、相手に響かない言葉を発することになってしまうかもしれません。

相手のことを知る。初めての人だったら、どんな人の紹介だったのか、何を見て申し込みをしてくれたのか、メルマガを読んでくれているのか、その人がFacebookでどんな投稿をしているのかなどを、事前に把握するようにしておきます。どんな人かを知るために全力を尽くさなければなりません。時間は短くてもよいので、世界で一番その人のことを思っている時間にしましょう。

どうしたらその人とよいコミュニケーションが取れるかについて、事前に準備の時間を設けているでしょうか？　いきなりオンラインの画面に出てきた人と、全く何の情報もないところから話を始めていませんか？　ちょっと調べれば、どこに住んでいるのか、どんな仕事をしているのか、好きなことは何なのかなど、分かる情報はたくさんあるのです。そうしておけば、オンラインで初めて会ったとしても、相手に話をしてもらう誘い水になるような問いかけをすることもできます。

もちろん、二度目の人や何度も参加してくれている人であっても、その人の最近のFacebookの投稿を事前に見ておくようにします。その人の今現在の悩みや、置かれている状況が分かるからです。もしも「疲れているな」と分かったら、セミナーで少しでも心のツボを満たしてあげられるような言葉をかけましょう。個々の悩みの解消は個々にゆだねるしかありませんが、それに立ち向かう心の応援はできると思っています。

その人のことを、会っていないときでも大切に思う。そしてその瞬間は、世界で一番その人のことを愛している。私はそう思っています。たった5分でも思ってくれる人がいたとしたら、その人は必ず幸せになれると信じているのです。

ところで、参加者全員になるべく話を振りたいと思っていても、思わぬ障壁が立ちふさがる場合があります。セミナー中、いったん話し始めたら止まらない人がいるのです。どうすればよいでしょうか？

そういう場合には、やや大きめの声で「○○さん、ありがとうございます！」と言って、話を止めてしまいましょう。その上で、「△△さんがまだ話をしていないので、△△さんお願いします」と伝えます。「ありがとう」で止めて、他の人に話を振るようにすると、話が止まらなかった人も気持ちよく終わることができると思います。

3 オンライン用のアイスブレイクを使う

簡単なオンライン用のアイスブレイクも取り入れていきましょう。私がよく実施しているのは、「一番ポーズ体験」のワークです。これをやると、不思議と楽しくなってきます。メラビアンの法則を応用したもので、コミュニケーションにおいて表情が一番伝わりやすいということを実感することができます。

●「一番ポーズ体験」

たった1分で元気になる体験ができます。顔のやや上で、どちらかの手の人差し指で天を指しながら、最高の笑顔で「いやだ」「ムリ」「できない」などの否定語を言うのです。上を向いて、笑顔でこれらの否定語を言っていても、気持ちが明るくなることを体験できます。

否定語を言わないでおこうと思っていても、通常の生活の中ではつい口にしてしまうものです。そんなときに笑顔で上を向いてみましょう。気持ちが軽くなって、否定語を口にしていても、むしろ明るく元気になれます。

オンラインでは画面に映りませんが、立ち上がって腰に片手を当てて「一番ポーズ」をすると、さらに効果的です。力強さがプラスされます。

ところで、女性であればワンダーウーマンのように両手を腰に当てる、男性であればガッツポーズをすると、力強さが出るものです。そのときは肯定語で、「できる」「できる」「できる」と言ってみましょう。本当にできるという自信が湧いてくるはずです。

4 意見が出ないとき

オンラインでいきなり相手に話を聞いても、すぐには意見が出てこないケースは多いものです。そういう場合には、事前に考える時間を取って書き出しておいてもらう方法が効果的です。これは「書き出しメモ」と呼ばれています。

たとえば「『報・連・相』がうまくいかないのはなぜでしょうか？」と投げかけて、1分でかまわないので理由をメモに書いてもらいます。そのあとで、「今、書いたことをそのまま読むだけでいいので、一人ずつ発表をお願いします」と伝えると、誰もが意見を言える状況にもっていけます。

意見がなかなか出てこない場合、オンライン会議などでもすぐに使える方法があります。「小グループの活用」です。ミーティングは人数が多いほど心理的に発言しづらく、物理的にも発言チャンスが少なくなります。そこで、「ここは全員の発言が欲しい」とか「深く考えた意見が欲しい」という場面で、メンバーをブレイクアウトルームで小グループ（4〜5人）に分けて話し合いをしてもらうのです。

小グループにすると、全員の発言機会が増えます。そのあとで、小グループで話し合ったことを全体で発表をするというやり方もあります。

第3節 オンラインでも心をつかむにはどうする？

1 講師が話をしすぎない（5分以内ルール）

第1章でも述べましたが、私はオンラインセミナーがスタートしてから5分以内に、参加者全員に自分の名前とどこから参加しているか（都道府県）、どんな仕事をしているかを話してもらうようにしています。これは、セミナーの進め方のポイントになると思うので、私は必ず実践しています。

全体の進行のキーポイントになるというのは、そのセミナーに参加しているかどうかの実感は、参加者自身がその場で話をしたかどうかで全く変わってくるからです。セミナーがスタートして5分以内に、1人10秒くらいでよいので話をしてもらうと、その場に入っていくきっかけになります。

そして30分以内に、チェックインとしてある程度長く自分のことを話す時間を取るようにしましょう。これも第1章で述べましたが、テーマは「最近うれしかったこと」などが無難です。

さらに、セミナー中、参加者一人ひとりに声をかけていくことがとても大切です。一人ずつ、しっかりと表情を見ながら会話をする。これがオンラインセミナーで心をつかむコツなのです。オンラインセミナーの退屈防止策は、とても重要です。講師の場回しと配慮、そして参加者の心理を読む力が試されます。参加者の表情と態度から、退屈している瞬間を見逃さないようにしましょう。

退屈も周囲に伝染するので、まず、退屈の兆候の見える人にピンポイントで問いかけをする必要があります。「○○さん、どう思いますか」「○○さん、こんなケースはどうしたらいいと思いますか」など、その場で問いかけをするのです。そうすると、その人は退屈ではなくなり、他の参加者も自分のことのようにその問いかけを考えてくれます。

参加者に問いかけをする、あるいは声かけ、語りかけをする、感想を聞く。それ以外にも、講義の話を分かりやすい〝たとえ話〟で伝えるケースもあります。また、講師の失敗談は参加者ほぼ全員、目を輝かせて聞いてくれるはずです。講義とは全く関係のない世間話を「ところで……」と話すのも、退屈している参加者を振り向かせるには有効な話です。

もうひとつ、何らかの行動をしてもらうのも退屈防止策として有効です。チャットに書き込んでもらうなどは、オンラインでの最適な退屈防止策になります。

クイズを出して解答を書いてもらう、アンケートに答えてもらう、セミナー内容などに関する意見を書いてもらう、などの工夫をしましょう。そして、書いてもらったことに対するレスポンスは必ずするようにしましょう。

2 参加者を退屈させない話し方

特にオンラインセミナーにおいては、参加者を退屈させない話し方のコツとして、以下に挙げる3つのポイントがあります。

① ワンセンテンスを短く話す

講師が話をだらだらと長く続けると、聞いている参加者は内容を理解できなくなります。句読点を意識して話すようにしましょう。

句点は文章の終わりにつけるマル「。」のことです。読点は文章の途中に打たれるテン「、」のことですが、読点を多用してだらだらと続けると、長くて分かりにくい文章になってしまいます。たとえば「……で、……だから、……については、……の問題が生じ、……へ対応することを、……の人たちが、……を推奨しているけれども、……したほうがいいと思っています」

といった、何が言いたいのか分からない文章になってしまうのです。

これでは、オンラインセミナーだと聞き手の集中力が続きません。受講者の退屈した表情が見えたとしたら、その大きな原因のひとつは、ワンセンテンスが長すぎることにあります。なんとか伝えたいという気持ちは理解できますが、句点をできるだけ多くして、ワンセンテンスを短くして話すのがポイントです。目安としては50文字が長さの限界だと思っておけばよいでしょう。

②「やるべきこと」ばかりではなく「やらなくてもよいこと」を言う

オンラインセミナー講師として一所懸命に話していると、参加者に向けて「やるべきこと」ばかりを伝えてしまいます。かのピーター・F・ドラッカーも「優先順位ではなく、劣後順位が大切だ」と語っています。やるべきことばかりを言われると参加者は動けなくなるのです。

コップに水がたくさん入った状態では、新しい知識は入っていきません。まず空っぽにするようなことを話すと、言葉が自然と入っていく。やらなくてもよいことを言って頭を整理してあげると、参加者の頭の中に空間ができて、講師の伝えたい大切なことが入っていきます。

③「～と思います」ではなく「～です」と断言する

参加者に行動を喚起するためには、言葉の使い方にも注意しなければなりません。

うまく行動を起こせないという参加者の言葉の使い方には、ある特徴があります。「～したいと思います」で話が終わるのです。つまり、着地点が「思うだけ」の状態でOKということ。それは確かに実現します。ただし、「思うだけの自分」でよいのですから、行動は伴いません。この言葉の裏には「思っているけれど、もしかしたらできないかもしれません」という逃げの心理があるのです。

ところが、そんな参加者が「～します」と言い方を変えるだけで、行動を起こせるようになります。成功ステップを歩むことができるようになるのです。それにはまず、講師自身が自信を持って「～です」と言い切ることが大事です。「～と思います」を多用する講師は、参加者からは自信のない講師だと思われてしまいます。

3 命令形・否定形の言葉で指示しない（講師がやってみせる・魅せる）

講師は、どうしても言葉で参加者を動かしたくなるものです。たとえば、「もう少し笑顔でお願いいたします」とか「大きな拍手をお願いします」などです。

しかし、これは逆効果です。命令されているような感覚になってしまい、参加者の気持ちが離れていくケースが多いのです。参加者にやってほしいことを伝えるには、わざわざ言葉にする必要はありません。

たとえば「オンライン中は、できるだけ笑顔で話を聞いてください」と伝えたい場合、講師が実際にやってみせればよいだけです。楽しい遊びの場というのは、命令してやらせるような場所ではありません。ただし、楽しい場でなければ再現性がありませんから「楽しいからやる」ということを、まず講師がやってみせましょう。これがファシリテーションのコツでもあります。

講師がさりげなくやってみせる姿に、参加者は無意識に同調してくれるようになります。「みせる」という行為には「魅せる」という意味合いもあるのかもしれませんね。魅力的に「魅せる」と、自然と受講者が参加してくれるようになるでしょう。

第4節 大人数と小人数、心がけることの違いは？

1 参加人数の違いで心がけることは変わる？

人数の多寡にかかわらず、講師が心がけるべきなのは、どれだけ会話ができたかということです。一人ひとりの参加者が、オンラインセミナー中に話した合計時間はどれくらいなのか。それを第一に意識しましょう。

そのためにも、大人数の場合はブレイクアウトルームの回数を多くするとよいでしょう。参加者同士が話す時間や聞く時間をしっかりと確保できるからです。講師が一方的に話して終わってしまうと満足度が下がってしまうので、それを避けるためにも大事なことです。

ちなみに大人数といってもいろいろなケースがありますが、私の場合は定員15名以上には絶対にしません。もしも「30名でやってください」と依頼された場合は、相互交流型はあきらめます。満足度が低くなることが分かっているからです。「講師養成講座藤咲塾」にも、実際に50名の受講生がいますが、10名ずつの5回に分けて開催しています。相互交流型と謳っている以上、相互交流型ではなくなってしまう15名以上のセミナーはおこなわないようにしているのです。

一方、10名程度までの参加者の場合は、ブレイクアウトルームを5名2チームでつくるとベストです。さらに、受講者同士で親密な関係を持ってほしいと思うなら、ブレイクアウトルームを2人の組み合わせにするのも効果的です。可能であれば男女ペアがベストでしょう。わずか1分ほどの振り返りでも、2人で話し合ってすっきりとした表情に変わっています。テーマを変えて2人の会話の場を何度も繰り返すと、安全・安心の場が自然とできてきます。

オンラインセミナーでグループ分けをするときには、ブレイクアウトルームの基準の人数として5人を守るとうまくいきます。そのときの男女バランスは、男性3人、女性2人がベストです。女性比率が高いセミナーでしたら、女性3人、男性2人でもかまいません。

男性ばかりの5人だと、話が弾まないのであまりうまくいきません。女性参加者が少ないセミナーでも、可能であれば1人はグループの中に女性が入るように組み合わせを考えるとよいでしょう。

参加者全体の人数が少ない場合の対応についてですが、私の場合、体験セミナーなどはあえて5名以下の小人数の定員で実施しています。そのほうが個別に話をする時間が多く取れるからです。

あるときは参加者が1名だったこともあります。そのようなときは、予定していたカリキュラムは置いておいて、個別の相談や質問時間を多くすると、満足度が急増します。こうしたケースもアットホームでいいものです。「今日は、あなたのためにセミナーをおこないます」という雰囲気になり、一生のファンになってくれることでしょう。


オンラインセミナーの運営のコツは、参加者の発言回数と発言時間をなるべく多く取ることです。一人ひとりの発言の回数と時間は満足度に比例するのです。

そうなれば講師との良好な関係を築くことができ、他の参加者との関係も深くなります。自分が発言をすることで、そのセミナーの傍観者ではなく、積極的な参加者に変わることができるのです。

あとがき

―変化できるものだけが生き残る―

2021年、大きな時代の移り変わりのときに、この本を書こうと決意しました。すぐそこに、オンラインの活用が常識となっている時代が来ています。オンラインでの安全・安心な場づくりができるコミュニケーション力がある人だけしか、生き残っていけない時代になるのです。

「最も強い者が生き残るのではなく、最も賢い者が生き延びるのでもない。唯一生き残ることができるのは、変化できる者である」

「進化論」で有名なダーウィンの言葉とされるものです。これまで対面式だけで企業研修やセミナーをやっていた講師の方々も、オンラインでセミナーができるように変化しなければ生き残っていけない時代になるということです。会社の会議でも、オンラインが活用できない社員は必要とされない時代が始まったといえるでしょう。コロナ禍はいずれ収束するでしょうが、たとえ収束したとしても、オンラインセミナーやオンライン会議の必要性は必ず残ります。企業のリモートワーク推進の波が加速するのは間違いないからです。

この本は、より実践的で効果的なオンラインセミナーのやり方を教えてほしいという声に応えて書いたつもりです。オンラインでは、笑顔がないとか意見が出ない、途中で退席する人がいるという声が上がってきました。そして、そもそもセミナーをおこなっている本人が楽しくなかったという声があったのです。それを解決するためにはどうしたらよいのかを17の成功法則で明示し、４つのケーススタディもつけ加えて解説をしています。

　オンラインセミナーや会議で、どうやって安全・安心な場をつくればよいのか。オンラインの参加者と講師、そして参加者同士の会話をどうすれば促進させられるのか。その方法について書いた本書がお役に立てばうれしい限りです。そして、最後までお読みいただいてありがとうございました。

　本書の執筆にあたって、オンラインをうまく活用するにはどうすべきか、毎月開いている「オンラインセミナー講師力アップ研究会」のメンバーから、成功事例も失敗事例も含めてたくさんのヒントをもらいました。同じ志を持つ研究会の仲間たちの応援があってこそ、本書の執筆ができたものと心から感謝しています。ありがとうございました。

　そして、いつも応援してくれている美人でやさしい妻の都史子、賢くて頼りになる息子の祐樹、笑顔の素敵な可愛い娘の美和にも、最大の「ありがとう」を伝えます。

【オンラインセミナー講師力アップ研究会の仲間たち（敬称略）】

青木基和、石田信隆、石野博康、上田健一、唐澤正樹、椎名昌之、関口奈穂美、寺田達也、西尾行雄、原田雅美、御代田裕介、磯田優子、佐野麻衣子、岩月宣雄、石川 靖、吾妻要治、吉野ジェミリン、磯部 香、鈴木芳男、岩月真由美、柳沼史恵、片岡史幸、大西 浩、竹田雅人、大村茂樹、稲尾公貴、高橋克典、田村由理、前川 健、浜田順子、増田葉子、笹井茂樹、尾形奈美、増山慎一、宇都陽一郎、西尾茂和、福山 巌、大野敏夫、蓑田真吾、田崎雅美、南 幸惠、佐々木容子、関口裕太郎、石原誠吾、松下みさ、小宮美佳子、水上加代子、野田祐樹、根岸久美子、三橋伸一、赤坂利彦

〈付録〉

オンラインセミナー 安全・安心の場づくりチェックリスト20

オンラインセミナーにおける安全・安心の場づくりのための20のチェックリストをつくりましたので、付録として加えておきます。

たとえばリストの（1）、〝セミナー前に自分自身の気持ちをアップする香水・乳液をつけたりして身だしなみを整えて、アファメーションを唱えている〟ですが、始まる前の心の準備はとても大切です。身だしなみを整えて、「今日もこれから全力を尽くします。受講者の方々を幸せにします」という思いで、自分のつくったアファメーションを唱えるのです。

そして、人によっては自分の気持ちを高めるスイッチが入る香水・乳液をつけたりします。私もオンラインセミナーの始まる前にお気に入りの香水と乳液をつけています。とても素敵な女性のオンライン講師の方がいたので何気なく聞いてみたら、その方は、お気に入りの香水をブレンドしてセミナーの前につけているそうです。

オンラインセミナーでは、講師は参加者の顔を見ています。もちろんセミナーの参加者として見ている講師が大半なのですが、実はそれ以外の目的で見ている講師もいるのです。

たとえば、仕事のパートナーとしてふさわしい人はいないかなと思って見ている講師もいます。つまり面接されているのです。よいと思ったら、セミナー後にメッセージが送られてきます。パートナーとしての依頼です。さらに、参加者同士でも表情を見ていて、そこでも面接されている場合があります。

本人の知らないうちに、いつの間にか落とされているケースもありますが、ポイントは表情です。参加者同士でも「この人、いいかも」と思えば、そこから交流が始まります。その結果、仕事の応援や依頼が来るケースもあります。私も、オンラインセミナーに参加していたら、同じ参加者から仕事の依頼を受けたという話をたくさん聞いています。その売上はセミナー参加料の10倍以上になったというケースもあるようです。

つまりは、ファーストインプレッションはとても大事だということ。身だしなみや表情にも十分に注意を払っていないと、知らないうちに面接で落とされているかもしれません！

資料などの文字がはっきりと見えるように、27インチモニターを使っている人もいます。すると、5人程度のオンラインセミナーだと、一人ひとりの顔が、横15センチ縦10センチの大きさでばっちりと映し出されます。髪型や肌つやもしっかりと見られることになりますが、何よりもまず、講師が参加者から見られているのです。セミナーの大半は講師が話しているのですから、それも当然です。講師の顔色が悪い！　というそれだけで、講師失格の烙印を押されるかもしれません。

リストの中からもうひとつ、(8)の〝「オンラインあいうえお」が習慣になっている〟ですが、この「オンラインあいうえお」とは以下の言葉の頭文字です。

あ⇓あいさつ

い⇓いいね（褒める）

う⇓うなずき
え⇓笑顔
お⇓お礼

（一般社団法人日本褒め言葉カード協会 代表理事 藤咲徳朗）

私がオンラインセミナーで意識していることを〝あいうえお〟でまとめました。これをしっかりと実践すると、安全・安心の場づくりが自然とできてきます。忘れないように付箋に書いて、パソコンの画面に張りつけておいてもいいかもしれません。

★次の設問20項目について、該当する数値に○印をつける。

〈オンラインセミナー安全・安心の場づくり20のチェックリスト〉

項　　　目	評　価
	3…できている 2…どちらともいえない 1…できていない
(1) セミナー前に自分自身の気持ちをアップする香水・乳液をつけたりして身だしなみを整えて、アファメーションを唱えている	3 ― 2 ― 1
(2) 最初の受講者の顔が見えた瞬間の笑顔とあいさつを大切にしている	3 ― 2 ― 1
(3) ありがとうセッティングをしている（最初、途中、最後の3回「ありがとう」を言う）	3 ― 2 ― 1
(4) 名前セッティングをしている（一人ずつ受講者の名前を呼ぶ）	3 ― 2 ― 1
(5) スタートして5分以内に受講者に話をさせている	3 ― 2 ― 1
(6) 講師がやって見せて、笑顔と拍手を引き出している	3 ― 2 ― 1
(7) ＹＥＳの動作をみんなでやっている。セミナー中は、簡単な問いかけをしてできるだけ動作でＹＥＳを伝えてもらっている	3 ― 2 ― 1
(8)「オンラインあいうえお」が習慣になっている	3 ― 2 ― 1
(9) オンラインの良さをさりげなくアピールしている	3 ― 2 ― 1
(10) 受講者のいいところを見つけて言葉で伝えている	3 ― 2 ― 1
(11) 雑談やたとえ話をして、何気なく気づいてもらっている	3 ― 2 ― 1
(12) セミナー中は、画面で自分の表情を最も確認している	3 ― 2 ― 1
(13) 家族の話、失敗談などの自己開示をしている	3 ― 2 ― 1
(14) 受講者の話をうなずき、あいづちで聞いている	3 ― 2 ― 1
(15) セミナー中は30分間隔程度で、受講者どうしの会話の時間を取っている	3 ― 2 ― 1
(16) 自分のミッションとビジョンを伝えている	3 ― 2 ― 1
(17) ラーニングピラミッドに基づいて、ワーク中心にセミナーを組み立てている	3 ― 2 ― 1
(18) セミナーの最後は受講者の振り返りの時間を取って、全員の発表の時間を取っている	3 ― 2 ― 1
(19) セミナー後に、お礼のプレゼント写真、動画、メッセージなどを送っている	3 ― 2 ― 1
(20) セミナー後、動画チェックをして、セミナーの改善点を見つけて、次回の講座に生かしている	3 ― 2 ― 1

■ 著書略歴 ■

藤咲　徳朗（ふじさく　とくろう）

昭和 33 年、福岡県生まれ。大阪育ち。大阪市立大学経済学部卒。
社会保険労務士。セミナー講師。株式会社パートナーズリンク代表取締役社長
一般社団法人日本褒め言葉カード協会理事長。
大学卒業後に株式会社イトーヨーカドーにて店舗マネジメントを学び、本社スタッフとして海外業務を担当する。その後、アミューズメント企業において経営企画室長として社内大学の設立・運営とメイン講師を担当する。2005 年 8 月、株式会社パートナーズリンク設立。これまで延べ 1000 社以上、延べ 15 万人以上にチームビルディング研修を実施。研修先企業から「社員が辞めなくなった。パワハラがなくなった。業績が向上した」という声が多数上がる。また、研修講師のための幸せな企業研修講師養成講座 “ 藤咲塾 “ 塾長として、オンラインと対面式生講座の二つを開講中。その他、楽習チームビルディングオンラインセミナー、褒め言葉オンラインセミナーなど一年間でオンラインセミナーを 150 回以上開催している。

◆**ミッション**：子どもたちの未来に夢と希望を与える。

◆**ビジョン**：おもいやりと笑顔のあふれる人たちを増やし愛とまごころと感謝の世界をつくる

◆**取得資格**：社会保険労務士、米国 NLP マスターコース、販売士 1 級、など。

◆**メルマガ**：毎日 1 分間読むだけでストレス解消！～仕事もプライベートも幸せになる「褒める・認める・感謝するメールセミナー」（毎日発刊）、幸せな企業研修講師養成藤咲塾 1 分間メルマガセミナー（毎週火曜日発刊）、楽習オンラインチームビルディングメルマガ（毎週水曜日発刊）

◆**著　　書**：「楽習チームビルディング」セルバ出版
「たったひと言で変わる！ほめ言葉マーケティング」コスモトゥーワン
「ぐんぐんと部下が育つリーダーの 55 の成功習慣」セルバ出版
「ムチャぶりで人を育てる 23 のコツ」セルバ出版

日本褒め言葉カード協会：URL:http://homekotoba.jp

書籍コーディネート：(有) インプルーブ　小山睦男

オンラインコミュニケーション成功法則

オンライン会議・セミナーで活用するコミュニケーション術　〈検印廃止〉

著　者　藤咲 徳朗

発行者　坂本 清隆

発行所　産業能率大学出版部

東京都世田谷区等々力 6-39-15　〒 158-8630

（電話）03（6432）2536

（FAX）03（6432）2537

URL　http://www.sannopub.co.jp/

（振替口座）00100-2-112912

2021 年 10 月 15 日　初版発行

印刷・製本所／渡辺印刷

（落丁・乱丁本はお取り替えいたします）　ISBN978-4-382-15802-3